普通高等教育"十三五"规划教材

服务外包产教融合系列教材

主编 迟云平　副主编 宁佳英

财务外包

 主　编　廖唐勇
 副主编　章伟程　李　妍　王恒婷

·广州·

图书在版编目(CIP)数据

财务外包/廖唐勇主编. —广州：华南理工大学出版社，2017.9
（服务外包产教融合系列教材/迟云平主编）
ISBN 978-7-5623-5306-5

Ⅰ.①财… Ⅱ.①廖… Ⅲ.①财务管理-对外承包-教材 Ⅳ.①F275

中国版本图书馆 CIP 数据核字（2017）第 153405 号

财务外包
廖唐勇　主编

出 版 人：	卢家明
出版发行：	华南理工大学出版社
	（广州五山华南理工大学17号楼，邮编510640）
	http://www.scutpress.com.cn　E-mail：scutc13@scut.edu.cn
	营销部电话：020-87113487　87111048（传真）
总 策 划：	卢家明　潘宜玲
执行策划：	詹志青
责任编辑：	詹志青
印 刷 者：	佛山市浩文彩色印刷有限公司
开　　本：	787mm×1092mm　1/16　印张：10　字数：250千
版　　次：	2017年9月第1版　2017年9月第1次印刷
印　　数：	1～2000册
定　　价：	26.00元

版权所有　盗版必究　　印装差错　负责调换

"服务外包产教融合系列教材"
编审委员会

顾　　问：曹文炼（国家发展和改革委员会国际合作中心主任，研究员、
　　　　　　教授、博士生导师）
主　　任：何大进
副 主 任：徐元平　迟云平　徐　祥　孙维平　张高峰　康忠理
主　　编：迟云平
副 主 编：宁佳英
编　　委（按姓氏拼音排序）：
　　　　蔡木生　曹陆军　陈翔磊　迟云平　杜　剑　高云雁　何大进
　　　　胡伟挺　胡治芳　黄小平　焦幸安　金　晖　康忠理　李俊琴
　　　　李舟明　廖唐勇　林若钦　刘洪舟　刘志伟　罗　林　马彩祝
　　　　聂　锋　宁佳英　孙维平　谭瑞枝　谭　湘　田晓燕　王传霞
　　　　王丽娜　王佩锋　吴伟生　吴宇驹　肖　雷　徐　祥　徐元平
　　　　杨清延　叶小艳　袁　志　曾思师　查俊峰　张高峰　张　芒
　　　　张文莉　张香玉　张　屹　周　化　周　伟　周　璇　宗建华
评审专家：
　　　　周树伟（广东省产业发展研究院）
　　　　孟　霖（广东省服务外包产业促进会）
　　　　黄燕玲（广东省服务外包产业促进会）
　　　　欧健维（广东省服务外包产业促进会）
　　　　梁　茹（广州服务外包行业协会）
　　　　刘劲松（广东新华南方软件外包有限公司）
　　　　王庆元（西艾软件开发有限公司）
　　　　迟洪涛（国家发展和改革委员会国际合作中心）
　　　　李　澍（国家发展和改革委员会国际合作中心）
总 策 划：卢家明　潘宜玲
执行策划：詹志青

总 序

发展服务外包，有利于提升我国服务业的技术水平、服务水平，推动出口贸易和服务业的国际化，促进国内现代服务业的发展。在国家和各地方政府的大力支持下，我国服务外包产业经过10年快速发展，规模日益扩大，领域逐步拓宽，已经成为中国经济新增长的新引擎、开放型经济的新亮点、结构优化的新标志、绿色共享发展的新动能、信息技术与制造业深度整合的新平台、高学历人才集聚的新产业，基于互联网、物联网、云计算、大数据等一系列新技术的新型商业模式应运而生，服务外包企业的国际竞争力不断提升，逐步进入国际产业链和价值链的高端。服务外包产业以极高的孵化、融合功能，助力我国航天服务、轨道交通、航运、医药、医疗、金融、智慧健康、云生态、智能制造、电商等众多领域的不断创新，通过重组价值链、优化资源配置降低了成本并增强了企业核心竞争力，更好地满足了国家"保增长、扩内需、调结构、促就业"的战略需要。

创新是服务外包发展的核心动力。我国传统产业转型升级，一定要通过新技术、新商业模式和新组织架构来实现，这为服务外包产业释放出更为广阔的发展空间。目前，"众包"方式已被普遍运用，以重塑传统的发包/接包关系，战略合作与协作网络平台作用凸显，从而促使服务外包行业人员的从业方式发生了显著变化，特别是中高端人才和专业人士更需要在人才共享平台上根据项目进行有效整合。从发展趋势看，服务外包企业未来的竞争将是资源整合能力的竞争，谁能最大限度地整合各类资源，谁就能在未来的竞争中脱颖而出。

广州大学华软软件学院是我国华南地区最早介入服务外包人才培养的高等院校，也是广东省和广州市首批认证的服务外包人才培养基地，还是我国服务外包人才培养示范机构。该院历年毕业生进入服务外包企业从业平均比例高达66.3%以上，并且获得业界高度认同。常务副院长迟云平获评2015年度服务外包杰出贡献人物。该院组织了近百名具有丰富教学实践经验的一线教师，历时一年多，认真负责地编写了软件、网络、游戏、数码、管理、财务等专业的服务外包系列教材30余种，将对各行业发展具有引领作用的服务外包相关知识引入大学学历教育，着力培养学生对产业发展、技术创新、模式创新和产业融合发展的立体视角，同时具有一定的国际视野。

当前，我国正在大力推动"一带一路"建设和创新创业教育。广州大学华软软件学院抓住这一历史性机遇，与国家发展和改革委员会国际合作中心合作成立创新创业学院和服务外包研究院，共建国际合作示范院校。这充分反映了华软软件学院领导层对教育与产业结合的深刻把握，对人才培养与产业促进的高度理解，并愿意不遗余力地付出。我相信这样一套探讨服务外包产教融合的系列教材，一定会受到相关政策制定者和学术研究者的欢迎与重视。

借此，谨祝愿广州大学华软软件学院在国际化服务外包人才培养的路上越走越好！

国家发展和改革委员会国际合作中心主任

2017年1月25日于北京

前　言

当今世界，经济全球化、社会信息化深入发展，生产要素在世界范围内的流动日益自由，国际产业分工格局发生深刻变化，市场融合程度不断加深，跨境产业链、价值链、供应链加速整合。在这一时代背景下，服务外包已上升为我国服务领域重要的发展战略，政府部门正不断完善相关政策体系促进服务外包产业加快发展。

财务外包是服务外包的重要领域之一。作为企业整合外部专业资源的一种生产组织形式，财务外包为企业发挥比较优势、打造核心竞争力、降低运营成本、提高经济效益提供了可能，近年来在会计、审计与财务管理等细分领域得到了长足的发展。

本书以系统性、规范性、专业性、实用性为原则，以满足经济管理类专业财务外包教学、财务外包从业者及爱好者自学需要为目的。全书共8章，分别为：服务外包、财务外包、财务外包市场主体及外包模式、财务会计外包、内部审计外包、财务顾问外包、财务外包的业务流程、财务外包风险管理。

通过学习《财务外包》，读者可以了解和掌握财务外包的基本知识与技能，为今后进一步开展财务外包实践奠定扎实的基础。本书可以作为经济管理类专业"财务外包"课程教材，也可供财务外包工作者及爱好者参考。

"财务外包"是一门实践性很强的专业基础课程，我们在多年财务类课程教学经验与知识积累的基础上，结合长期的财务外包分析，完成了本书的编写。

另外，本书在编写过程中，得到了广州大学华软软件学院服务外包研究基地的大力支持,在此表示衷心的感谢。由于我们水平有限,书中疏漏在所难免,恳请读者不吝指正。

编　者

2017 年 9 月

目 录

1 服务外包 ··· 1
   1.1 外包的概念与分类 ·· 2
   1.2 服务外包的概念和分类 ·· 4
   1.3 服务外包的理论基础与经济效应 ······························ 7
   1.4 全球服务外包产业发展现状 ···································· 10
   1.5 中国服务外包产业发展现状 ···································· 13

2 财务外包 ··· 18
   2.1 财务外包的概念及发展阶段 ···································· 20
   2.2 财务外包的基本领域 ·· 22
   2.3 财务外包的作用 ·· 27
   2.4 财务外包的发展现状 ·· 29

3 财务外包市场主体及外包模式 ······································ 34
   3.1 财务外包市场主体 ··· 36
   3.2 财务外包模式及其发展趋势 ···································· 44

4 财务会计外包 ··· 53
   4.1 财务会计外包概述 ··· 54
   4.2 代理记账 ··· 58
   4.3 税务代理 ··· 63

5 内部审计外包 ··· 70
   5.1 内部审计外包概述 ··· 72
   5.2 内部审计外包的优势 ·· 75
   5.3 内部审计外包的内容 ·· 77
   5.4 内部审计外包的形式及其适用的企业规模 ·················· 80
   5.5 内部审计外包管理 ··· 82

6 财务顾问外包 ………………………………………………………………… 85
　　6.1 财务顾问业务概述 …………………………………………………… 86
　　6.2 投融资咨询 …………………………………………………………… 87
　　6.3 财务管理咨询 ………………………………………………………… 98
7 财务外包的业务流程 ……………………………………………………… 104
　　7.1 财务外包流程概述 …………………………………………………… 105
　　7.2 外包决策的制定 ……………………………………………………… 106
　　7.3 外包合同的签订 ……………………………………………………… 114
　　7.4 外包合同的执行 ……………………………………………………… 116
　　7.5 外包合同的完成 ……………………………………………………… 117
8 财务外包风险管理 ………………………………………………………… 127
　　8.1 财务外包风险的识别 ………………………………………………… 128
　　8.2 财务外包风险的计量 ………………………………………………… 134
　　8.3 财务外包风险的应对 ………………………………………………… 137
　　8.4 财务外包风险的监控 ………………………………………………… 142
参考文献 ……………………………………………………………………… 148

1 服务外包

【学习目标】

1. 理解外包的概念与分类；
2. 掌握服务外包的概念、分类、特点与业务范围；
3. 了解服务外包的理论基础与经济效应；
4. 熟悉全球主要服务外包国家的服务外包产业发展概况。

【案例引导】

中国服务外包产业未来发展之路

2015年初，商务部正式公布了2014年中国服务外包产业发展成绩单：2014年中国服务外包产业逐步从规模快速扩张向量质并举转变。其主要特点表现在五个方面，一是服务外包合同金额首次突破千亿美元；二是累计吸纳大学生就业超过400万人；三是知识流程外包比重稳步提高；四是离岸业务以美欧港日为主；五是与"一带一路"沿线国家合作加深。

可以说，这份成绩单圆满地向世界展示了中国服务外包产业发展的辉煌成果，自商务部于2006年推行"千百十"工程以来，不到10年时间，中国从一个服务外包产业小国迅速发展成为当今世界仅次于印度的服务外包产业大国，说明中国服务外包产业发展潜力巨大。丰富的人力资源、完善而不断优化的教育体系以及政府对产业发展的积极支持，使服务外包产业能够快速发展。现在，我们不仅为服务外包产业发展成就感到喜悦而增强了发展信心，而且要思考未来中国服务外包产业发展之路问题。

2014年12月24日国务院正式发文《关于促进服务外包产业加快发展的意见》（国发〔2014〕67号）（以下简称《意见》），对未来3～5年中国服务外包产业提出了总体要求、发展导向、政策措施和发展保障。《意见》明确提出：今后3年，培养一批中高端人才、复合型人才和国际型人才，培育一批具有国际先进水平的服务外包知名企业，建设一批主导产业突出、创新能力强、体制机制先行先试的服务外包产业集聚区……到2020年，服务外包产业国际国内市场协调发展，规模显著扩大，结构显著优化，企业国际竞争力显著提高，成为我国参与全球产业分工、提升产业价值链的重要途径。

综合领会《意见》的基本精神，未来3～5年中国服务外包产业发展基本目标和方向是向高技术含量、高附加值业务领域发展，实现产业从规模扩张向质量提升转变。这既是服务外包产业自身发展规律的客观要求，更是中国经济转型发展的迫切要求。

中国服务外包产业要实现向高技术含量、高附加值方向发展，必须解决以下三个问题：一是进一步提高服务外包企业的技术创新能力；二是要有高素质的技术人才和管理人才作支撑；三是要进一步构建良好的市场发展环境。

首先，企业要进一步提高技术创新能力，向高技术含量、高附加值业务攀升。在这方面，中国服务外包龙头企业要发挥领头羊的作用。如果说中国服务外包龙头企业在过去10年实现了从小到大的发展过程，今后几年要实现从大到强的发展攀升，必须靠技术创新。在这方面，中国服务外包企业不仅要向美国IBM和印度等服务外包企业学习，更要向国内一些科技创新典范企业如华为、小米公司学习，通过技术创新提升企业的核心竞争力，同时推动本企业向技术和产业(产品)价值链高端攀升。

其次，政府和学校、企业联手加强对高素质的技术人才和管理人才的培养。最近几年来，我国在加强对服务外包产业人才培养方面积累了很好的经验。除高校积极主动适应服务外包产业发展需要调整教学内容和方法外，企业和高校联手加强对产业实用人才的培训，缓解了服务外包产业基础型人才不足的矛盾。但是，在高素质人才培养方面还有待进一步加强，可以考虑通过政府政策支持、学校和企业联手的方式探索服务外包高端人才的培养方法和路径。

再次，要进一步加强对知识产业的保护，为服务外包企业提高技术创新能力构建良好的市场发展环境。加强对知识产权的保护是推动服务外包产业健康发展的基本保证，也是激励企业推进技术创新的重要制度保障。近几年来我国在加强知识保护方面已有明显进步，但还需要进一步加强。

（文章来源：《服务外包研究动态》）

1.1 外包的概念与分类

1.1.1 外包的概念

最早提出"外包"概念的是美国学者Gary Hamel和C. K. Prahalad，他们在《哈佛商业评论》(1990)上发表了《公司的核心竞争力》一文。文中指出，外包是企业基于契约原则的一种经济行为。企业为专注自身的业务专长，改善企业整体的运营效率，利用外部资源来完成组织自身的再设计和发展，提升企业的竞争力，将一些非核心的、次要的或辅助性的功能或业务外包给外部专业服务机构，而自身仅专注于具有核心竞争力的功能和业务。在此基础上，一些管理咨询机构和专家学者也从不同角度做了详细的解释。

美国Outsourcing Institute将外包定义为企业重新设计生产过程的一种行为。在保留核心业务功能的前提下，企业有选择地将自身的一些功能、业务、管理转交给专业化的服务提供商完成。

卢峰(2007)认为，外包是企业将内部业务以合同方式进行转移的过程。企业将生产活动的相应环节(即内部服务流程)外包给企业外部的专业化服务提供商来完成，企业通过外包这种专业化的分工方式带来更高效益的运营结果。其中，服务外包是服务业全球化的表现，也是服务业国际转移的表现，与全球制造业的国际分工性质相同。林航（2009）认为，外包是企业进行资源整合的管理模式。企业利用外部最专业的服务提供商完成所需的业务职能或业务流程，提高企业自身的核心竞争力，降低成本，提高经营的效率。徐勇（2010）认为，外包被广泛定义为制造外包和服务外包两种形式，制造业中企业内部生产环节的转移属于制造外包，服务业中企业从事的服务活动转移属于服务外包。当前，服务外包是经济全球化推动下的新型外包业务模式。

可见，国内外学者和研究咨询机构对于外包含义的界定视角略有不同，国外学者和机构主要是从宏观层面理解外包现象，国内学者主要是从企业层面的微观视角解释外包现象。

1.1.2　外包的分类

从内容上来看，外包可以分为生产外包和服务外包。

1. 生产外包

生产外包，又称制造外包，习惯上称为"代工"，是指客户将本来是在内部完成的生产制造活动、职能或流程交给企业外部的另一方来完成。

生产外包是企业内部以外加工方式将生产委托给外部优秀的专业资源机构完成，达到降低成本、分散风险、提高效率、增强竞争力的目的。通常是将一些传统上由企业内部人员负责的非核心业务或加工方式外包给专业的、高效的服务提供商，以充分利用公司外部最优秀的专业化资源，从而降低成本、提高效率、增强自身竞争力的一种管理策略。

代工企业与我们平时说的原材料等有形产品的外包供应商并不完全相同，它的职能本来是在买方公司内部完成的，并且内容涵盖了所有有形的和与之紧密关联的服务，如部分设计和物流配送等。

按照代工企业是否完成产品研发设计活动，生产外包可分为原始设备制造（original equipment manufacture，OEM）与原始设计制造（original design manufacture，ODM）等合作形式。OEM是指具有生产组装能力的企业，在买方提供产品规格、制作技术规范、产品品质规范甚至指定部分或全部零部件的情形下，为买主生产所指定之产品的分工形态。ODM是指产品生产者在不需要买主提供产品与技术相关规范的前提下，具备产品开发设计与生产组装的能力生产符合买主所需要功能的产品，同时在买主所拥有的品牌下行销。OEM仅涉及产品的生产组装，而ODM则涉及产品设计开发及生产组装两种活动。

2. 服务外包

服务外包是以IT作为交付基础的服务，服务的成果通常是通过互联网交付与互动，广泛应用于IT服务、人力资源管理、金融、会计、客户服务、研发、产品设计等众多领域。服务层次不断提高，服务附加值也明显增大。根据美国邓白氏公司的调查，在全球的企业外包领域中，扩张最快的是IT服务、人力资源管理、媒体公关管理、客户服务和市场营销。

服务外包的发展，是紧密伴随着生产制造过程产生的。例如，企业在生产制造前的市场调研、产品设计、生产过程中的生产、物流、库存管理，产品售后的客户服务等，都可以外包给专业的公司来完成，这都属于服务外包。生产外包和服务外包都是外包的重要组成部分。按照服务外包产业发展的趋势，信息业与各传统行业发展的高度融合，服务外包必然会出现快速发展。

1.2 服务外包的概念和分类

1.2.1 服务外包的概念

服务外包是指企业将原本由自身提供的具有基础性的、共性的、非核心的 IT 业务和基于 IT 的业务流程剥离出来，外包给外部的专业服务提供商来完成的经济活动。它是企业将有限的资源专注于其核心业务，以信息技术为依托，利用外部专业服务提供商的知识、劳动力，来完成原本由企业内部完成的业务和工作，从而达到降低成本、提高效率、提升企业对环境应变能力并且优化企业核心竞争力的一种业务模式。

服务外包包括信息技术外包(information technology outsourcing, ITO)、业务流程外包(business process outsourcing, BPO)和知识流程外包(knowledge process outsourcing, KPO)。前两者都是基于 IT 技术的服务外包，ITO 强调技术，更多涉及成本和服务；BPO 更强调业务流程，解决的是有关业务的效果和运营的效益问题，往往涉及若干业务准则并常常要接触客户。KPO 通过提供业务专业知识而为客户创造价值。

信息技术外包(ITO)是指企业专注于自己的核心业务，而将其 IT 系统的全部或部分外包给专业的信息技术服务公司，企业以长期合同的方式委托信息技术服务提供商向企业提供部分或全部的信息服务。

业务流程外包(BPO)是指以长期合同的形式，将公司的某项业务交由外部业务提供者去完成，以达到使公司增值的目的。BPO 包含三层含义：第一，BPO 是将公司的部分业务对外承包，即把原来由公司内部处理的某些业务交给公司外部实体去完成，因此，对外包业务与外部承包人的确定涉及权衡与选择的问题。第二，以 BPO 模式运作的公司与外部承包人之间是"长期合同"的关系，即一种责、权、利明确的长期稳定的关系。第三，实施 BPO 运作，其出发点与最终目的只有一个，使公司增值，即增加盈利。目前，BPO 服务涉及的主要领域有金融、医疗、人力资源、物流、营销等领域。

知识流程外包(KPO)是指服务提供商以技术专长而非流程专长为客户创造价值，是比业务流程外包更为高端的知识工作外包，包括研究、设计、分析、咨询、策划、制订规程等服务。

1.2.2 服务外包的分类

根据服务外包承接的地理分布状况，服务外包主要分为两种形式：离岸外包(offshore outsourcing)和在岸外包(onshore outsourcing)。

离岸外包是指外包商与其外包供应商来自不同国家，外包服务跨境完成。由于劳动力成本的差异，外包商通常来自劳动力成本较高的国家，外包供应商则来自劳动力成本较低的国家。目前，全球离岸服务外包业务以美国、欧洲、日本和中国香港为主要发包市场，而中国、印度、巴西等为代表的新兴市场国家则成为主要的接包市场。

在岸外包指外包商与其外包供应商来自同一个国家，外包服务在境内完成。当前，我国在岸金融服务外包涉及信息技术外包、业务流程外包、知识流程外包各种外包业务。随着我国经济快速成长以及前后台业务分离趋势的不断深入，大量服务外包需求将被释放，在岸服务外包还有巨大市场空间。

1.2.3 服务外包的特点

服务外包是现代服务业的重要组成部分，具有科技含量高、流程标准化、契约化管理、业务专业化、附加值高等显著特点。

（1）以IT技术应用为基础。由于大部分的服务外包合作双方都处于不同的地域，即以离岸外包为主，合作双方关系的确立以及业务的进行必须依赖互联网和通信技术，对承接地的信息化基础设施建设和信息化发展水平具有很高的要求。也正是互联网的出现，使得原先在国际不可贸易的"服务贸易"得以实现，并构成了服务外包的技术条件。如果一国信息化基础设施建设和信息化发展水平滞后，就难以承接服务外包业务。

（2）业务流程标准化。服务外包具有明显的业务流程标准化的特点。标准化的目的是通过减少流程错误来改进经营业绩并降低成本，促进沟通，从而获取利益。因此，业务流程标准化更能使接包方达到规模经济和技术经济，并且减少对不同客户的生产服务技术成本。标准化的合同治理与关系治理对提升客户满意度、促进外包成功具有重要作用。

（3）契约化管理。外包供应商和发包商的关系是合作关系，而不是一般的买卖关系，更不是行政隶属关系，因此发包商必须与外包供应商签订长期的合同或协议。外包合同是双方合作的基础，也是维持这种合作关系的可靠凭证，它直接关系到外包的成败。发包方通过与接包方公司的谈判，最终确定的外包合同主要包括以下方面：外包项目的业务内容、外包的服务价格、双方的职责、双方的权利与义务、合作的期限、项目完成进度及要求、违规条款、商业保密条款、双方沟通机制、问题处理机制和外包退出机制。

（4）业务专业化。承接方往往是某个领域的专家级服务提供商，对所承接的业务拥有更强的优势、更加专业化的能力、更高的服务水平。

（5）知识密集型、高附加值。服务外包属于知识密集型产业，很多业务都需要从业人员有相关的教育培训经历和丰富的实践经验，并非像制造业一样，只要对工人进行简单的技能培训就可以从事生产，因此对人力资源的要求很高。正因为其知识密集型特征，服务外包产业具有很高的附加值。

1.2.4 服务外包业务范围

1.2.4.1 信息技术外包服务（ITO）

按照业务类型，信息技术外包主要可以分为软件研发及外包、信息技术研发服务外包和信息系统运营维护外包。

1. 软件研发及外包

软件研发及外包可分为软件研发服务和软件技术服务。

(1)软件研发服务。用于金融、政府、教育、制造业、零售、服务、能源、物流、交通、媒体、电信、公共事业和医疗卫生等部门和企业,为用户的运营、生产、供应链、客户关系、人力资源和财务管理、计算机辅助设计、工程等业务进行软件开发,包括定制软件开发、嵌入式软件开发、套装软件开发、系统软件开发、软件测试等。

(2)软件技术服务。包括软件咨询、维护、培训、测试等技术性服务。

2. 信息技术研发服务外包

信息技术研发服务外包可分为集成电路和电子电路设计、测试平台。

(1)集成电路和电子电路设计。用于集成电路和电子电路产品设计以及相关技术支持服务等。

(2)测试平台。为软件、集成电路和电子电路的开发运用提供测试平台。

3. 信息系统运营维护外包

信息系统运营维护外包,可分为信息系统运营与维护服务和基础信息技术服务。

(1)信息系统运营与维护服务。包括客户内部信息系统集成、网络管理、桌面管理与维护服务,信息工程、地理信息系统、远程维护等信息系统应用服务。

(2)基础信息技术服务。包括基础信息技术管理平台整合、IT 基础设施管理、数据中心、托管中心、安全服务、通信服务等基础信息技术服务。

1.2.4.2 业务流程外包服务(BPO)

业务流程外包的业务主要分为四大类,分别为企业业务流程设计服务、企业内部管理服务、企业运营服务、企业供应链管理服务。

(1)企业业务流程设计服务。为客户提供内部管理、业务运作等流程设计服务。

(2)企业内部管理服务。为客户企业提供内部管理、人力资源管理、财务、审计与税务管理、金融支付服务、医疗数据及其他内部管理业务的数据分析、数据挖掘、数据管理、数据使用的服务,承接客户专业数据处理、分析和整合服务。

(3)企业运营服务。为客户企业提供技术研发服务,为企业经营、销售、产品售后服务提供的应用客户分析以及数据库管理等服务。主要包括金融服务业、政务与教育业务、制造业务和生命科学、零售和批发与运输业务、卫生保健业务、通信与公共事业业务,如呼叫中心、电子商务平台等。

(4)企业供应链管理服务。为客户提供采购、物流的整体方案设计及数据库服务。

1.2.4.3 知识流程外包服务(KPO)

知识流程外包业务范围主要为技术性知识流程提供外包服务,包含知识产权研究、医药和生物技术研发和测试、产品技术研发、工业设计、分析学和数据挖掘、动漫及网络设计研发、教育课件研发、工程设计等领域。

1.2.5 服务外包的发展阶段

随着经济全球化的逐步深入,继制造业的转移之后,发达国家开始转移服务业。在服务业转移的过程中，服务外包也取得了长足的发展，且服务外包日益成为服务业转移的主要形式。具体而言，服务外包的发展主要经历了三个阶段。

1. 第一阶段：1970—1990 年

这个时期是生产外包向服务外包过渡的阶段，服务外包主要集中在计算机、信息技术及相关服务领域。缺乏相应技能和成本压力是该阶段外包发展的主要阻力，因此，在这一阶段公司更加关注提高并不断积累自身的技能。

2. 第二阶段：1990—2000 年

在这个时期，主要发达国家开始普及应用 IT 技术。与此同时，IT 产业结构本身也发生了深刻变化，作为服务外包起源的 IT 服务外包得到了迅速发展，IT 产业的重心也由硬件向软件转移。随着网络技术的发展和通信成本的急剧下降，远程 IT 服务业应运而生，其效益大大超过制造业外包。

3. 第三阶段：2000 年至今

在这一阶段，服务业大规模地由生产成本高的地区转移到生产成本低的地区，而且服务外包的领域逐渐由 IT 服务和其他单一的服务业向各种类型的服务业务扩展。例如，发包商的市场研究、人力资源管理、债务托收、审计、法律事务、保险承销等都进入了外包领域。这不仅有利于发包商增强其核心竞争力，而且能够为发包商降低成本，提高效益。

随着世界范围内新一轮产业结构调整和贸易自由化进程的继续推进，服务业和服务贸易在各国经济中的地位将不断上升，服务外包产业也将得到持续发展。

1.3　服务外包的理论基础与经济效应

1.3.1　服务外包的理论基础

1. 交易成本理论

1937 年科斯在《企业的性质》一文中论述了企业边界问题。科斯认为，市场与企业是配置资源的两种不同机制，究竟是企业还是市场更具有经济效率取决于两者交易成本的比较，即当企业内部组织交易的费用低于市场交易费用时以企业形式存在才符合效率原则，反之则以市场形式存在。

从交易费用的角度考虑外包问题，其重点在于内置与外包的费用比较。从企业财务管理的目标——企业价值最大化来看，公司内部各个职能部门不能将其业已存在或者需要存在作为其在公司内部继续存在的理由。任何部门的设置和运行都会消耗公司的资源，与项目投资、产品研发一样，必须遵循成本效益原则，应该以创造价值最大化为存在标准。假设同一服务即可以由内置部门的方式提供，也可以采取外包方式获取，且质量并无差异，由内置部门提供的经济成本为 IC，通过外包获取的成本为 OC，那么，根据效率原则，当 IC < OC 时，选择内置业务部门提供；当 IC > OC 时，选择通过外包获取；若 IC = OC，则由内置业务部门提供与通过外包获取无差异。

通常，外包服务供应商由于规模经济效应而具备较低的成本，企业组织可以通过外包来寻求降低成本的机会。

2. 核心竞争力理论

企业核心能力的研究，其雏形可以追溯到20世纪50年代，那时的经济学家、管理学家、社会学家开始注重企业的各种优势和各种能力在竞争中的作用。进入80年代以后，关于企业独特能力、核心技巧与战略的研究逐渐增多。

1990年，《企业核心能力》一文的发表，标志着核心能力理论的诞生并使核心能力理论迅速成长为战略研究的热点。Prahalad与Hamel在文中指出，核心能力是企业可持续竞争优势与新业务发展的源泉，它们应成为公司的战略焦点，企业只有具备核心能力、核心产品和市场导向这样的层次结构，才能在全球竞争中取得持久的领先地位。企业的核心能力是一种稀缺的、难以模仿的、有价值的、可延展的能力。

企业应该持续地在有核心能力的业务上进行投资，而将不具备核心能力的业务或职能进行外包。外包非核心业务可以使企业更加提高管理注意力，加大对绩效显著工作的资源分配，而对相对劣势的工作交给外部组织承担。外包能使买卖双方从长期关系中获益，并实现双赢。企业通过专注于具有核心能力的产品生产或服务，不仅可以降低成本，而且可以提高质量。外包业务与企业核心业务关联程度强，为企业提供特定属性的产品或服务，改善核心产品的质量和绩效。

企业应该将有限的资源集中在核心能力上，而将自身不具备核心能力的业务交由外部组织承担，从而以整个供应链的核心竞争力盈利并扩大竞争优势。

3. 比较优势理论

比较优势理论最早源于英国经济学家大卫·李嘉图(1817)对亚当·斯密的国际分工与贸易模型的修正和发展。该理论认为，国际贸易产生的基础是生产技术的相对差别以及由此产生的相对成本的差别。不同国家生产同一种产品只要在劳动生产率上存在差别就会出现生产成本和商品价格的相对差别，从而使各国在不同的产品上具有比较优势。如果一个国家在本国生产一种产品的机会成本(用其他产品来衡量)低于在其他国家生产该种产品的机会成本，则这个国家在生产这种产品上就拥有比较优势。反之，如果一个国家在本国生产一种产品的机会成本(用其他产品来衡量)高于在其他国家生产该种产品的机会成本，则这个国家在生产这种产品上就存在比较劣势。如果每个国家都生产并出口本国具有比较优势的商品，而进口本国存在比较劣势的商品，则两国间的贸易能使两国都受益。

4. 价值链理论

Michael Porter(1986)将价值链定义为企业用以设计、生产、销售、交货以及维护其产品的内部过程或作业。他认为企业创造的价值产生于各项生产经营活动中，而价值链就是各个相互关联的生产经营活动共同构成的一个创造价值的动态过程。每个企业都存在于一个由价值链组成的价值体系之中，而在这个体系中价值链上的每一项作业都会影响企业最终实现的价值。Gereffi(1999)将价值链作为竞争优势的分析工具发展了价值链理论，提出了全球价值链理论。该理论是在国际垂直分工日趋明显的大背景下对新形势的一种全新解释，更能反映价值链的纵向分离与全球资源再配置之间的关系。价值链理论的本质是，通过降低企业的组织经营成本，优化核心业务流程，从而提升企业的市场竞争能力。企业价值链的作业不一定都能为其带来价值，因此可将其分为增值作业和非增值作业。价值链分析正是通过对成本动因的识别，消除企业价值链中的非增值作业，对价值链进行纵向整合，实现最大化增值，即将相对劣势的环节外包出去。

5. 劳动分工理论

劳动分工理论是由亚当·斯密（1776）在其代表作《国富论》中提出的。劳动分工的观点认为，提高劳动生产率是增加国民财富的主要条件之一，而分工可以提高劳动生产率。他还认为，劳动可以分为主要劳动和次要劳动，在整个生产过程中，次要劳动所占比例越大主要劳动就会越少，劳动生产率就会越低。随着社会分工的不断发展，主要劳动的各个环节不断专业化以及次要劳动脱离原生产过程逐步专业化和社会化，推动着劳动生产率的不断提高，也促进了经济的全面发展。

6. 新木桶理论

传统的木桶理论，强调的是经济主体要寻找自身经营劣势，也就是短板，再加长它，使木桶能盛更多的水。而新木桶理论则主张经济主体要找准自己的经营优势，也就是最长的木板，集中精力去拓展具有优势的领域，而把非优势领域交给别人去做。

1.3.2 服务外包的经济效应

从宏观经济层面看，服务外包产业具有如下经济效应：

（1）扩大出口，促进经济增长。改革开放以来，我国经济增长高度依赖外部出口。受制于传统出口市场经济增长乏力、国内劳动力成本上升等影响，商品出口增长速度明显下降。新一轮服务业转移为我国发展服务出口提供了契机。我国可以抓住新的战略机遇，采取积极有效的措施承接服务外包，发展服务贸易，逐步形成新一轮出口增长，为我国经济发展提供持续动力。

（2）壮大第三产业，优化经济结构。服务业位于产业链的高端，大力承接国际服务外包、发展服务外包产业有助于产业结构升级。服务外包的发展有助于提升我国产业结构在国际产业分工和价值链中的层次和地位。国务院《关于加快发展服务业的若干意见》中指出"把承接国际服务外包作为扩大服务贸易的重点，发挥我国人力资源丰富的优势，积极承接信息管理、数据处理、财会核算、技术研究、工业设计等国际服务外包业务。"积极承接国际服务外包是加快服务业发展、优化经济结构、推动产业结构升级的一条重要途径。

（3）增加就业岗位，缓解就业压力。随着新一轮全球化产业转移浪潮的推进，发达国家总体上属于服务业范畴的行业开始大规模地向外转移。与国际服务外包相伴随的是工作岗位的转移。与制造业的转移相比，服务外包的显著特征是，发达国家的白领工作即科技产业和服务业向发展中国家转移。而现代通信手段（特别是互联网）的快速发展也为白领工作向外转移提供了条件。近年来，发达国家部分行业的就业岗位开始大量向外转移，并将持续大幅增加，同时高薪职务如工程师、金融专家等的工资水平开始逐年下降。这些工作机会的转移具有不可逆性，对于发展中国家而言是个千载难逢的时机。我国应充分利用自身的有利条件，抓住发达国家高科技和服务行业开始大量向发展中国家转移的有利时机,有效承接更多的西方白领工作岗位。目前,我国高等教育的普及程度不断提高,高层次人才存量急剧增长并面临着较大的就业压力,发展离岸服务外包产业成为缓解我国就业压力的重要契机。

1.4 全球服务外包产业发展现状

1.4.1 美国服务外包市场

美国是全球最主要的服务外包发包国,其服务外包的业务总量占全球的45%以上,市场较为成熟;但其真正具有核心竞争力的关键业务流程不实施外包,比如核心技术的研究、主要产品的设计与开发。目前美国约1700万家公司至少有一项业务被外包。美国服务外包业务主要集中在纽约曼哈顿、旧金山硅谷和亚特兰大、洛杉矶等地区。

据美国国际数据公司(IDC)统计,美国业务流程外包业务量占全球业务流程外包业务量的63%左右。美国企业的业务流程可分为三种:其一是具有后台管理性质的业务,如IT、人力资源、金融和财务、设施管理等,这一部分业务最适合外包;其二是运营业务,如制造、物流、客户服务和开发等,这一部分可以根据企业的商业策略决定是否进行外包;其三是企业具有核心竞争力的关键业务流程,主要包括核心技术研究、主要产品设计与开发、市场与营销等,在通常情况下,这一部分不实施外包。

美国服务外包市场具有以下特点:①IT外包需求旺盛。前沿资讯公司最近发表的分析报告显示,约90%的美国公司至少有一项IT服务业务被外包。2007年统计,美国整个IT行业23%的职位都设在海外。②印度为最大接包方。据统计,美国本土90%企业的60%软件开发业务外包给了印度。这是因为美国跨国公司为了降低服务成本,为顾客提供及时、优质的服务,常常实行整体性外包,即把某些服务的整个流程而不是某一项功能外包出去。这就要求接包方不仅具有廉价、能干的雇员,而且要具有良好的项目管理能力和组织协调能力。③离岸外包发展迅速。美国杜克大学发布的离岸网络研究第五次年报中关于离岸外包的研究趋势显示:2005—2008年,美国企业中拥有离岸外包战略的企业数量已经从2005年的22%上升到2008年的50%,并且其中极少有企业会考虑将业务重新收回到美国。

1.4.2 欧洲服务外包市场

欧洲的服务外包支出额居全球第二位,整体的外包业务呈现积极态势,近几年来欧洲服务外包市场更是实现飞速发展。欧洲服务外包市场具有如下特点:①外包渗透率高。2008年安永会计师事务所的服务外包调查结果显示:在欧洲,70%的欧洲公司已经将其业务中的至少一项职能外包出去,其中有20%的公司在未来两年要提升它们的外包规模和层次,将外包看成一种取得竞争优势的手段。其中比利时的外包率最高,有81%的公司采用了外包手段;法国的外包率最低,为63%。②起步晚但发展迅速。欧洲的离岸服务外包业务开展得较晚,但其发展很迅速,全球BPO的发包市场中欧洲占

26%。中型公司和跨国公司是离岸外包的主要客户。许多西欧国家选择将其业务流程外包到东欧，旨在节省成本和增强竞争力。

1.4.3 日本服务外包市场

日本是亚太地区的服务外包主要发包方，它的支出接近全球服务外包的10%。自20世纪90年代初以来，日本经济一直处于低迷状态，增长乏力，这给日本企业的生存形成了巨大的压力。随着世界范围内服务外包热潮的推进，日本企业也紧随美国企业之后，加入了离岸服务外包的行列。日本服务外包市场具有如下特点：①金字塔形外包模式。受日本文化和公司治理结构的深刻影响，日本离岸服务外包尤其是离岸软件服务外包领域，企业之间的关系通常是金字塔形的。在金字塔形外包模式中，作为总接包商（一级接包商）的企业从最终客户那里承接项目，进行总体设计和任务切割后，将各模块工作再分包给若干个二级接包企业，二级接包企业还会再寻找三级或四级接包企业帮助它一起完成模块的设计、代码转换或测试工作，当任务细分到这一层次后才有可能实行离岸外包。因此，日本的软件离岸外包业务多数属于三级接包或四级接包。②总接包商本土化。日本的最终客户在发包的时候，不仅希望总接包商具有广博的行业知识和较强的业务咨询能力，并与本企业有良好的信任关系，而且希望它有足够的抗风险能力和在日本本土承担法律责任的能力。因此，总接包商一般都是日本本土规模较大的企业。在日本，客户不会将自己的需求用严格的文档方式清晰地表达出来，总接包商需要根据客户的业务特点，边与客户沟通，边进行系统的咨询、策划、设计。这就要求总接包商对客户的业务细节非常了解，因此国外厂商一般不容易进入日本的总接包商行列。在日本，能够作为总接包商承接大型客户系统开发的企业只有30多家，如NEC、索尼和富士通等。这些企业往往控制着软件设计等高端业务，在对整个项目过程进行认真切割后，再将那些技术含量较小的低端业务外包给中国等邻近国家，因此日本软件外包单量规模普遍较小。③IT离岸外包增长。日本IT服务离岸外包的总规模仅为其IT服务市场的1%左右。但近年来，由于世界IT业竞争的日趋激烈，迫使日本IT企业不得不选择成本较低的海外IT服务外包，以缓解竞争压力。同时，日本IT业的技术开发人才严重短缺也迫使其不断增加离岸外包业务量。目前，日本仅IT软件编码业的技术开发人才缺口就在10万人左右。由于人手不够，日本存储软件领域的国际外包比率高达81%，远超美国47%和欧洲35%的比率。日本离岸服务业务的一半以上发包到了中国，相近的文化与共同的方块文字，是中国在日本软件服务外包市场占有如此大份额的根本原因。因此，在未来的10年内，日本的软件服务市场仍将为中国离岸外包市场提供快速增长空间。

1.4.4 香港服务外包市场

香港是个服务业非常发达的经济体，本地化服务外包非常普遍，大量信息技术支持、人力资源、呼叫中心、物流配送、会计法律、市场营销等方面的服务，乃至水电燃料气费代收服务、清洁维护服务，往往都是通过外包的方式运作。因此，香港企业以相对低的成本获得了更专业的服务，香港服务业整体竞争力和持续发展能力得以增强。与此同时，香港的服务贸易中，离岸服务外包所占比重逐步增大，贸易盈余不断增长。香港特区政府积极采取措施提升香港在高附加值、高技术含量服务业中的竞争力，以实现服务业的升级和可持续发展。1998 年以来，香港先后与加拿大、法国、德国、日本、英国等 12 个国家签订 IT 合作协议，以促进在 IT 及电信领域的商业伙伴合作、投资合作及共同研发活动。

香港离岸服务外包以离岸转包为其独特的模式，"香港接包—转包内地"日渐成为一种相对经济的发展模式。其具有如下特点：①离岸接包定位于高端服务市场。作为亚太地区重要的金融、贸易、航运和信息中心，香港具有不可替代的区位优势。在影视音像、娱乐文化、动画制作、商业设计、法律服务、会计服务、金融服务等方面，香港企业具有国际一流的专业化服务水平，对欧、美、日等发达国家的发包方具有相当的吸引力。在海外软件中文本地化方面，香港软件企业也发挥了重要作用。②离岸发包与内地紧密合作。香港高昂的服务成本和激烈的行业竞争，迫使香港服务提供方和需求方均有寻求低成本服务资源的强烈需要，这是香港企业离岸服务发包的主要发生机制。内地与香港在地理、文化、语言等方面联系最为紧密且服务价格低廉，因此成为香港离岸服务发包首选地。③离岸转包形成"前店后厂"格局。面向海外、背靠内地给香港离岸转包业务提供了良好的先决条件。离岸转包是指香港企业离岸或在岸接包后，再离岸发包，转由中国内地企业完成全部或部分环节，包含了离岸接包和离岸发包两个流程，涉及发包方、转包方、接包方三个参与者。单纯从成本和效率来看，离岸转包并不是最优的方案，却是现实的选择。

1.4.5 印度服务外包市场

印度是承接国际服务外包业务最早的国家之一，印度发展外包服务业已经有 20 多年的历史。由于印度传统上重视数理逻辑、英语教育，软件工程师数量居世界前列，且劳动力成本低廉，欧美跨国公司便纷纷把这些非核心业务交给印度公司承包，服务外包业在印度应运而生。20 多年来，西方企业在印度逐步建立了呼叫中心、数字运算和软件开发等多种机构，印度服务外包业迅速发展起来，尤其在软件外包方面每年增速高达 30% 以上，最高时超过 50%。由于成本和质量上的综合优势，印度成了迄今为止最受离岸外包发包方青睐的国家，成为世界的后台办公室，是全球最大的服务外包承接国，尤其以软件外包最为显著。到 2012 年已经占据了全球 ITO 市场 61% 的份额、BPO 和 KPO 市场 35% 的份额。其中 90% 以上的接包业务来自欧美国家，对美国离岸外包业务更是处于垄断地位。

印度服务外包产业模式可大致概括为：借助低成本、高技能的人力资源优势，在政府全方位优惠政策和行业协会的支持下，以出口为导向，积极开拓国际软件外包服务市场，形成了以承包软件服务出口为代表的产业模式。从宏观层面来看，印度在 20 世纪 90 年代的市场化改革推动了经济的高速发展，加快了国际化步伐，并抓住了全球服务业产业转移的契机，比较成功地融入了经济全球化的进程。具体来看，准确的市场定位、大量相对廉价的高技能"软件蓝领"、数量众多的高等教育与研发机构、严格的知识产权保护法律法规、软件技术园的兴建、行业协会的积极推动、外包企业几乎"零税负"的政策优惠、严谨的软件开发程序与质量控制等,都是印度服务外包产业获得成功的重要影响因素。

当前,印度 IT 外包业务在获得蓬勃发展的同时,也面临着来自其他国家越来越激烈的竞争。印度离岸外包企业要想保持自己的领先地位,就必须及时把握新的市场动态、创造赢得业务的新方法和提供具有高附加值的服务让要求越来越高的客户满意。

1.5 中国服务外包产业发展现状

1.5.1 中国服务外包产业的规模与结构

我国服务外包产业规模快速扩张,服务外包结构不断优化。

从国家层面上来看,截至 2010 年年底,中国服务外包企业承接服务外包合同金额和执行金额分别达到 274 亿美元和 198 亿美元,分别同比增长了 37% 和 43.1%;全国服务外包企业 12 706 家,从业人员 232.8 万人。到目前已经形成了以北京、南京、长沙、成都、大连、苏州、大庆、广州、哈尔滨、杭州、合肥、济南、南昌、上海、深圳、天津、无锡、武汉、西安、厦门、重庆等 21 个服务外包示范城市为样板,以大连软件园、安徽服务外包软件产业园等 84 个服务外包示范园区为主力,以东软、海辉、华信等企业为龙头,动漫、软件、物流、金融、生物医药等多领域同步发展的多元化、全面化的格局。

从地域上看,全国服务外包基地正逐步从沿海城市向二、三线城市转移,从地域上折射出"中国服务"正迈向全面化发展的格局。

从地方发展来看,服务外包行业已经成为各地实现产业结构调整与实现发展方式转变的重要的推手。例如,大连通过大力发展以软件产业为特色的服务外包行业,现在已经成为中国重要的服务外包中心和软件中心,有中国的"班加罗尔"之称,2010 年仅大连高新区就拥有 3 000 多家企业,12.6 万从业人员;成都目前也已经走出一条以高新区为重点,以软件研发、服务外包、硬件制造等 IT 行业为主导的产业发展之路。

从服务外包行业来看,当前全球服务外包中,传统的信息技术外包有逐步下降的趋势,而 BPO 以及 KPO 因技术含量高、涉及领域多而越来越得到关注。目前,中国服务外包产业已经形成了动漫、软件、物流、金融、生物医药等多领域同步发展的多元化、全面化格局。

1.5.2 中国服务外包产业发展的特点

在全球经济复苏缓慢、国内经济下行压力加大的背景下,我国服务外包产业发展总体向好,主要呈现以下特点:

一是离岸服务外包保持稳步发展。2015 年,我国企业签订服务外包合同金额 1309.3 亿美元,执行金额 966.9 亿美元,分别同比增长 22.1% 和 18.9%。其中,离岸服务外包合同金额 872.9 亿美元,执行金额 646.4 亿美元,分别同比增长 21.5% 和

15.6%；在岸服务外包合同金额436.4亿美元，执行金额320.6亿美元，分别同比增长23.3%和26.1%。

二是主要发包市场格局相对稳定。2015年，我国内地企业承接美国、欧盟、中国香港和日本的服务外包执行额分别为150.6亿美元、98亿美元、95亿美元和54.8亿美元，分别同比增长17.5%、17.6%、28%和-9.8%，合计占我国内地离岸服务外包执行额的61.6%。

三是长江经济带沿线省市业务快速增长。2015年，长江经济带沿线11个省市承接离岸服务外包合同金额481.3亿美元，执行金额394.1亿美元，分别占全国的55.1%和61%，分别同比增长13.1%和16.9%。其中，江苏省、浙江省和上海市是开展离岸外包业务的主力军，合计执行金额344.8亿美元，占沿线省市的87.5%；中部的江西省、湖北省和湖南省利用经营成本较低和人力资源丰富的优势，积极承接产业转移，离岸服务外包执行金额分别同比增长37%、33.8%和26.6%，增速远高于全国平均水平。

四是"一带一路"市场的重要性显著提高。2015年，我国承接"一带一路"相关国家服务外包合同金额178.3亿美元，执行金额121.5亿美元，分别同比增长42.6%和23.4%。其中，承接东南亚国家的服务外包合同金额89.9亿美元，执行金额63.2亿美元，分别同比增长30.6%和17.3%；承接西亚北非国家的服务外包合同金额43.5亿美元，执行金额25.2亿美元，分别同比增长113%和61.5%。"一带一路"相关国家对我国发包占我国离岸外包的18.8%，市场重要性显著提高。

五是离岸服务外包的结构日益优化。2015年，我国企业承接ITO、BPO和KPO的离岸服务外包执行金额分别为316.8亿美元、91.7亿美元和237.8亿美元，占比分别为49%、14.2%和36.8%，分别同比增长8%、16%和27.4%。医药和生物技术研发、动漫及网游设计研发、工业设计和工程设计等外包业务快速发展，带动服务外包业务结构稳步优化。

六是服务外包与垂直产业的融合加深。随着"互联网+"战略和行动计划在2015年正式实施，基于互联网和现代信息技术的专业化生产组织方式得到广泛应用，进一步加深了服务外包与信息服务业、制造业、批发和零售业、交通运输业、能源业、金融业、卫生健康业等垂直行业的深度融合。2015年，信息服务业、制造业离岸服务外包执行额分别为315.6亿美元和177.3亿美元，分别占全行业的48.8%和27.4%。服务外包模式广泛应用，既提高了国内企业的专业服务能力，又促进了产业结构转型升级，提升了整体生产效率，实现较好的经济效益和社会效益。

1.5.3 国务院关于促进服务外包产业加快发展的意见

1. 培育竞争优势

（1）明确产业发展导向。同步推进信息技术、业务流程和知识流程外包服务，着力发展高技术、高附加值服务外包业务，促进向产业价值链高端延伸。定期发布《服务外包产业重点发展领域指导目录》，加强对服务外包产业发展指导。积极拓展服务外包行业领域，大力发展软件和信息技术、设计、研发、互联网、医疗、工业、能源等领域服务外包；加快发展文化创意、教育、交通物流、健康护理、科技服务、批发零售、休闲娱乐等领域服务外包；积极发展金融服务外包业务，鼓励金融机构将非核心业务外包。

（2）实施国际市场多元化战略。适应全球服务业加速跨国转移新趋势，进一步扩大与有关国家和地区的服务外包交流与合作。巩固和加强与发达国家合作，着力提高服务外包高端业务比重；积极开拓新兴市场，不断拓展新业务和营销网络；深化与周边国家合作，推动服务标准出口；密切与丝绸之路经济带和21世纪海上丝绸之路沿线国家和地区的联系，构建多元化的市场新格局。

（3）优化国内市场布局。立足服务外包产业现有基础和发展趋势，深度挖掘国内服务外包市场潜力，构建以中国服务外包示范城市为主体、结构合理、各具特色、优势互补的产业发展格局。发挥长三角、珠三角、环渤海等区域已形成的产业集聚优势，积极吸引国内外创新资源，搭建具有国际先进水平的服务外包产业平台，不断提升产业竞争力，率先达到国际先进水平，加快带动全国服务外包产业发展。发挥中西部地区的区位优势，进一步加强服务外包产业基础设施建设，将推动服务外包产业发展作为产业转型升级、构建内陆地区开放型经济新高地的重要突破口，有序承接东部地区和国际产业转移。发挥东北地区工业体系完整的优势，不断优化发展环境，加大市场开拓力度，为振兴东北老工业基地和资源型城市转型发展提供有力支撑。

（4）培育壮大市场主体。支持各类所有制企业从事服务外包业务，鼓励服务外包企业专业化、规模化、品牌化发展。推动服务外包企业提升研发创新水平，通过国家科技计划（专项、基金等）引导和支持企业开展集成设计、综合解决方案及相关技术项目等研发。鼓励服务外包企业加强商业模式和管理模式创新，积极发展承接长期合约形式的服务外包业务。培育一批创新能力强、集成服务水平高、具有国际竞争力的服务外包龙头企业。支持一批"专、精、特、新"的中小型服务外包企业。鼓励企业特别是工业企业打破"大而全""小而全"的一体化格局，购买非核心业务的专业服务。引导服务外包企业通过兼并重组，优化资金、技术、人才等资源要素配置，实现优势互补。政府部门要不断拓宽购买服务领域，将可外包业务委托给专业服务企业。

（5）加强人才队伍建设。充分利用国际国内两种资源，加强服务外包各类人才培养培训。采取引进和培养相结合的方式，加强中高端人才队伍建设。支持高校以人才需求为导向调整优化服务外包专业和人才结构，依照服务外包人才相关标准组织实施教学活动，进行课程体系设置改革试点，引导大学生创新创业。鼓励高校和企业创新合作模式，积极开展互动式人才培养，共建实践教育基地，加强高校教师与企业资深工程师的双向交流。全面提升从业人员能力和水平，支持符合条件的服务外包企业通过开展校企合作录用高校毕业生，建立和完善内部培训体系。

2. 强化政策措施

（1）加强规划引导。全面客观评估服务外包产业"十二五"规划实施情况，研究制订《中国国际服务外包产业发展"十三五"规划》，明确提出"十三五"服务外包产业的重点领域、主要任务和保障措施等。科学谋划服务外包产业集聚区布局，尽快形成产业集聚，发挥引领带动作用。有关部门要将服务外包产业集聚区的教育资源，物联网、大数据、云计算和移动互联及新技术应用的基础设施，以及企业的技术、管理和商业模式创新项目等纳入"十三五"相关规划。

(2)深化国际交流合作。提升双边经贸合作质量,在现有机制框架下有序推进服务外包产业务实合作,营造有利于共同发展的国际环境。加大支持服务外包企业参加国际展会、项目洽谈等活动。结合实施"走出去"战略和对外援助,综合运用贸易、出口信贷、对外投资合作和对外援助等多种措施,支持有条件的服务外包企业"走出去",开展研发外包、知识流程外包和业务流程外包等高附加值项目合作。鼓励企业和机构在国际市场购买技术含量高、业务模式新的高端服务,引进先进技术、先进经营方式和管理经验,加快推动国内服务外包产业转型升级。

(3)加大财政支持力度。完善现有财政资金政策,优化资金安排和使用方向,改进支持方式,加大对国际服务外包业务的支持,鼓励开展国际服务外包研发、人才培训、资质认证、公共服务等。充分发挥财政资金的杠杆引导作用,通过设立国际服务外包产业引导基金等市场化支持方式,引导社会资金加大对承接国际服务外包业务企业的投入,促进扩大服务出口。

(4)完善税收政策。从区域和领域上扩大对技术先进型服务企业减按15%税率缴纳企业所得税和职工教育经费不超过工资薪金总额8%部分税前扣除的税收优惠政策实施范围。根据服务外包产业集聚区布局,统筹考虑东、中、西部城市,将中国服务外包示范城市数量从21个有序增加到31个。实行国际服务外包增值税零税率和免税政策。

(5)加强金融服务。拓宽服务外包企业投融资渠道。鼓励金融机构按照风险可控、商业可持续原则,创新符合监管政策、适应服务外包产业特点的金融产品和服务,推动开展应收账款质押、专利及版权等知识产权质押。支持政策性金融机构在有关部门和监管机构的指导下依法合规创新发展,加大对服务外包企业开拓国际市场、开展境外并购等业务的支持力度,加强服务外包重点项目建设。鼓励保险机构创新保险产品,提升保险服务,扩大出口信用保险规模和覆盖面,提高承保和理赔效率。利用现有资金政策,引导融资担保机构加强对服务外包中小企业的融资担保服务。支持符合条件的服务外包企业进入中小企业板、创业板、中小企业股份转让系统融资。支持符合条件的服务外包企业通过发行企业债券、公司债券、非金融企业债务融资工具等方式扩大融资,实现融资渠道多元化。

(6)提升便利化水平。深化境外投资审批制度改革,推进境外投资便利化,实行备案为主的管理方式,最大限度缩小核准范围,简化审批手续。进一步提升通关便利化水平,创新服务外包海关监管模式。创新服务外包检验检疫监管模式,对承接国际服务外包业务所需样机、样本、试剂等简化审批程序,实施分类管理,提供通关便利。加快落实外汇管理便利化措施,具备条件的服务外包企业可申请参与服务外包境外投资外汇管理改革试点,根据试点情况及时研究推广。鼓励在跨境贸易和投资中使用人民币结算。为从事国际服务外包业务的外籍中高端管理和技术人员提供出入境和居留便利。提高国际通信服务水平,支持基础电信运营商为服务外包企业网络接入和国际线路租赁提供便利。

3. 健全服务保障

(1)建设法治化营商环境。研究完善服务外包产业的法律体系,促进产业发展和规范经营行为。切实保障国家安全,对故意或者过失泄露国家秘密、危害国家安全等违法行为,要依法追究法律责任。加大服务外包领域版权、专利、商标等知识产权的执法监管力度。建立服务外包企业信用记录和信用评价体系,惩戒失信,打击欺诈,完善服务外包企业诚信体系建设。鼓励条件成熟的地方开展地方性立法,适时出台有关服务外包产业的地方性法规和政府规章。

(2)提高公共服务水平。驻外使(领)馆要加大对服务外包企业境外开展合作的指导协调力度,主动加强与国内主管部门的沟通配合,及时提供有效信息和政策建议。发挥行业协会的作用,提高服务和促进水平,加强行业自律,研究制订服务和人才标准,树立"中国服务"品牌。充分利用现有服务外包交流合作平台,吸引跨国公司转移国际服务外包业务,鼓励研究机构、商协会、高校和企业开展多种形式的务实合作。加强对服务外包公共信息服务,及时发布国际国内市场动态和政策信息。

(3)加强统计分析体系建设。科学界定服务外包产业内涵和外延,健全服务外包统计指标体系和统计制度。加强服务外包统计信息系统建设。强化统计监测功能,推动服务外包产业监测预警体系建设。建立健全有关部门服务外包信息共享机制。加强与国际组织、研究机构和行业协会的数据信息交流与合作,按月度发布服务外包统计数据。

本章小结

(1)外包包括生产外包与服务外包。服包外包是指企业将原本由自身提供的具有基础性的、共性的、非核心的 IT 业务和基于 IT 的业务流程剥离出来,外包给外部的专业服务提供商来完成的经济活动。

(2)服务外包可分为信息技术外包(ITO)、业务流程外包(BPO)和知识流程外包(KPO)。

(3)服务外包具有以 IT 技术应用为基础、业务流程标准化、契约化管理、业务专业化、高附加值等特点。

(4)全球服务外包市场中发包国主要是美国、欧盟、日本等发达国家,接包国主要是印度、中国等发展中国家。

2 财务外包

【学习目标】

1. 掌握财务外包的概念；
2. 熟悉财务外包的三大领域；
3. 理解财务外包的优势；
4. 了解财务外包市场的发展现状。

【案例引导】

财务外包正逢其时

对于本土企业来说，财务一直被视为最核心的环节之一，首席财务官（CFO）们对于财务外包这一舶来品始终感觉有些不踏实。然而全球金融危机以来，企业对成本削减的狂热使得财务外包再度摆在了 CFO 的案头。为此，《首席财务官》杂志专访了全球财务外包的领导性企业——简柏特公司全球高级副总裁罗锡强，全面剖析财务外包中的机遇与挑战。

打开财务心门

在罗锡强看来，财务外包概念在全球早已是很多企业辅助财务管理的重要手段，不少企业在面对财务管理的问题时优先考虑外包解决方案。但财务外包在国内落地的确有着相当的难度，这主要源于本土企业对于财务权力方面的过度控制。"在国内，财务对于企业来说依然是个不能说的秘密。"罗锡强解释，本土企业对财务权限的控制一直过于保守，将企业财务情况透露给第三方是严格的禁忌。尽管如此，随着大环境的变化，财务规范化让越来越多的企业逐步尝试走出去的做法，同时在简柏特亚太地区的业务范围中，中国本地企业业务增长依然保持较为强劲势头。

有着深刻本土企业成功案例经验的罗锡强认为，敲开本土企业财务心门的关键在于如何成为企业财务管理的及时雨。在简柏特所接触到的案例中，本土企业大多呈现出财务专业人才缺失、企业组织结构复杂、与财务相关的审批程序多时间长、企业规范程度严重不一致、企业内部系统不完整、后台整合不协调等缺陷。面对这样的局面，罗锡强坦言，除一些体制及历史性因素外，本土企业需要更多的是从概念上的整体转变而非针对单一项目的解决那么简单。

罗锡强认为，对于经历了沉淀之后的本土企业，快速发展是难以阻挡的趋势，因此稳健的财务流程必然能为企业提供更好的发展机遇。"在接触中，很多本土企业高管较为关心成本控制这一领域，但在调查当中从成本控制角度上看，不同性质企业相差并不太多，也就是说很多企业并没有完全认识到限制企业发展的根本问题。"罗锡强进一步解释，以生产销售型企业为例，为高层提供消除时间差的透明化流程作为决策依据比挖空心思削减成本更为有效。市场变化分秒必争，本土企业想要突破人才缺失瓶颈赢得先机，流程外包是不错的选择。人员成本有很多不可控因素，如流失及新进人员水平等，而流程外包则可依据合同将成本及效果限制分明，完全固化。财务人用数字说话，可见的成本控制与效率提升更能帮助CFO提高其在企业中的位置，也更便于企业通过对流程管理的认识提升自身竞争力。

选择性外包

面对财务外包，固然一些本土企业依然坚持己见迟迟不肯迈出第一步，但也不乏大批敢于接受新鲜事物面对挑战的先锋。在调查中不少接受外包的财务管理者在观望中发出求助：财务外包，到底应该包出去什么才是最有成效的？对此罗锡强表示，结合本土企业所处的大环境来说，过去几十年中大部分传统企业CFO难以推动传统企业有更多的改变。但在金融、电信及B2C行业中却不乏大批领军者涌现，而这些行业中的成功典范几乎都无一例外地采取了适当的外包服务。因此，罗锡强建议，企业选择任何服务外包之前，都需要做全面的了解及商务分析。

以国内金融保险及电信行业为例，由于其技术投入早、要求高，加之国家对这些部门的监管力度及重视程度本身处于较高水平，对于全球平台范围内的高新概念，多数企业均已引进并消化吸收，但电信等行业选择服务外包的重点依然只集中于对共享中心的辅助性支持。从竞争角度来看，建立共享中心有利于消除其各区域间的信息孤岛，成本效益突出，面对国际市场的冲击时也更易于做好充分的应战准备。而面对诸多发展相对滞后型的行业企业来说，罗锡强建议首先对于企业最为核心及擅长的工作一定要把握住。

罗锡强认为，选择性外包是现阶段本土企业财务外包非常务实的一个选择，因为财务外包不是简单地将企业财务全盘托管给第三方，而是经过审慎的分析将有提升空间的项目外包出去，借助第三方的专业团队帮助企业正确梳理流程，实现流程效益的扩大化。以本土企业为例，财务领域有较多禁忌，涉及以下几方面的均不适合采取外包形式，如与关键业务本身相关的重要谈判、与本地监管部门联系紧密的口岸税务工作、对成本效率有极大影响的部分流程等。

在选择外包服务提供商时也需要企业牢牢掌握住主动权，学会区分，选择更大价值的服务。罗锡强强调，对于本土企业来说，选择外包不能单纯看能否完成合同内相应的任务量，而是要将关注度聚焦于服务能否在流程上帮助企业提高效率。以差旅费报销项目为例，很多企业采取的传统方式极为繁琐且人为因素太多，很难从根源上控制成本。而财务外包服务中所提供的这一部分流程会将所有流程固化到流程系统中，报销权限由流程控制，过程清晰透明规范，将人为干扰降到最低。

理解业务是关键

面对困扰众多国内CFO的种种问题，有着多年财务工作经验的罗锡强依然充满遗憾地表示，事实上这部分人中有一部分不是知识水平问题，而更多的是被企业传统的财务观念所限制。他指出，在多份调查中发现，亚太地区，特别是中国国内中型企业中，依然有不少CFO将工作重点放在账目管理、报表、审计等繁琐的基础工作上。罗锡强提醒道:"倘若CFO一直从事会计工作而不能够从了解业务入手为首席执行官(CEO)服务,不但不能够提升自身价值反而会被企业淘汰。"

目前全球越来越多的CFO已经成为CEO的业务伙伴,从简单的会计工作中解脱出来,处理与业务相关的管理流程,与CEO共同承担谋划战略发展的重任。

反观国内财务管理体系中,传统的财务核算已经普遍成为流程化,而财务计划与分析又偏于对数据的收集而非分析理解及风险观测。因此,罗锡强建议本土CFO要学会放权,主动摆脱简单的数字工作,转而投身对业务的理解,建立自己能够驾驭并支配的共享中心,利用技术优势实现对管理工作的深层次理解。在罗锡强看来,CFO并不是财务人的终身职业或者是终极目标,很多企业管理者并不具备专业的财务知识却能够成就企业更高的价值实现,关键在于其对业务运营及管理的理解。

(资料来源:《首席财务官》)

2.1 财务外包的概念及发展阶段

2.1.1 财务外包的概念

财务外包是指企业将原本由自身提供的财务职能剥离出来,交由外部服务提供商来完成的过程。实施财务外包的企业是财务外包的发包方,它们出于节约成本、优化企业战略管理等目的而把部分原本内置的财务职能以合同的形式承包出去。财务外包业务的接包方是会计师事务所、商业银行、财务公司等专业的财务服务提供机构,它们运用自己的专业能力及规模经济优势为发包企业提供外部服务,帮助企业优化流程管理,达到节约成本、优化企业战略的目标。

根据财务外包的业务范围差异,财务外包分为狭义的财务外包和广义的财务外包两类。狭义的财务外包业务主要是指依据企业的财务管理活动的不同职能把企业整体的财务业务拆分成若干个单项业务(如总账管理、工资管理、往来账目管理、固定资产管理、纳税申报管理等),从中挑选出适合企业外包的财务业务,承包给外部的财务服务提供商。广义的财务外包业务大大超越了狭义的财务外包业务范围,主要涉及以下四个方面:①基础性财务外包业务,如财务处理、编制财务报告、工资管理等;②财务会计外包业务,如税务代理、税收筹划、投资控制、融资管理等;③管理会计外包业务,如内部审计、预算编制、绩效评价等;④管理咨询外包业务,如投融资咨询、战略管理咨询、人力资源管理咨询等。

2.1.2 财务外包的国际发展阶段

综观财务外包的国际发展进程,可以将其分为三个阶段。在实践中,财务外包在每一阶段的发展动因几乎都与企业经营管理的关注点密切相关。

第一阶段：20世纪90年代。这一阶段主要的发展动因来自企业迫切需要降低财务部门的经营成本。20世纪90年代，经济全球化加剧了企业之间的竞争，为加强企业内部的有效管理，许多企业不得不在财务办公软硬件、日常系统维护和人力资本等方面投入巨资，导致经营成本急剧上升，迫使企业将经营管理的关注点聚集于努力降低财务部门的经营成本。财务承包商通过运用标准化的作业流程，将处于各地的客户通过技术平台连接起来，承包商的效率来源于规模经济、标准化和专业化。财务外包不仅降低了企业的直接运营成本，同时也减少了包括代理成本在内的各种隐性成本的发生。从管理会计角度来说，财务外包实际上是将企业的固定成本转为变动成本。当企业规模扩张或缩减时，企业只需要增加或减少与此有关的财务外包内容，而不需要额外增加聘用或裁减相关的会计人员。因此，从这一意义上来说，财务外包还增强了企业经营成本的灵活性。在这一阶段，企业通常将财务与会计流程中较易分离的交易流程的处理业务外包。

第二阶段：21世纪初。这一阶段主要的发展动因来自企业迫切需要提高财务信息披露的质量和透明度以及财务部门的管理决策能力。自萨班斯法案颁布后，财务信息的质量和透明度成为美国社会公众关注的焦点，企业的财务部门也努力寻找措施提高财务报告对外披露的可信性。信息技术突飞猛进的发展使企业之间的竞争进一步加剧，更好地制订决策所带来的收益远比单纯的成本节约重要，这就使得降低成本不再是许多企业最为关注的目标。为应对激烈的市场竞争，企业管理层迫切要求财务部门从日常的琐碎工作中解脱出来，从传统的信息提供者转变为主动为企业出谋划策的决策参与者。"普华永道"前高级合伙人瑞德曾这样描绘CFO的功能——不同于传统的财务经理，而是公司战略决策的关键人物。财务承包商在遵守会计准则的前提下，提供标准化的处理程序，承包商是作为第三方独立存在的，面对的是多个客户，由他们制作生成的会计信息应该更具可靠性。外包后披露的会计信息能够为企业赢得更好的市场形象，许多公司为了显示其在提高对外信息披露的可信度方面的决心，积极采取了财务外包的经营方式。财务承包商作为专业性的公司，能够始终为企业提供强有力的专业技能支持和财务领域前沿的咨询。在这一阶段，通信成本的降低和软件的标准化进一步促使财务外包迅速发展。为提高财务部门的决策能力，企业对承包商的专业技能服务也提出了更高的要求，希望其在财务分析、成本管理等方面具有较强的技能，并能根据顾客的需求提供特质服务。

第三阶段：最近几年。这几年可以视为财务外包国际发展进程的第三阶段，其主要的发展动因来自企业迫切需要提升自身的核心竞争力。新经济的发展促使企业之间的竞争更为激烈。现在，越来越多的企业认识到，保持并努力提升企业核心竞争力才是实现企业价值最大化的体现。财务外包最根本的经济效果就是培养和提升了企业的核心竞争力。财务外包前，承包商通常凭借自身丰富的管理经验对企业整个业务流程进行重组，促使企业组织结构广泛改变。按照提升企业核心竞争力的理念，企业应做自己最擅长的事。将一些非核心的、例行处理的事务外包给承包商后，企业可集中有限的资金和稀缺的人才从事本企业擅长的战略性事务。核心财务业务留在企业，非核心业务外包，是国际上财务外包的发展趋势。现在国际上有些跨国公司甚至把财务外包当成新一轮竞争的有力手段。

2.2 财务外包的基本领域

基于服务外包的视角,财务外包服务可分为会计服务、审计服务和财务顾问服务三大基本领域。

2.2.1 会计服务

2.2.1.1 会计的定义

会计是以货币为主要的计量单位,以凭证为主要的依据,借助于专门的技术方法,对一定单位的资金运动进行全面、综合、连续、系统的核算与监督,向有关方面提供会计信息、参与经营管理,旨在提高经济效益的一种经济管理活动。

2.2.1.2 会计目标与财务报表

我国《企业会计准则》中对会计核算的目标做了明确规定:会计的目标是向财务会计报告使用者提供与企业财务状况、经营成果和现金流量等有关的会计信息,反映企业管理层受托责任履行情况,有助于财务会计报告使用者作出经济决策。

公司的财务信息主要以财务报表的形式提供。财务报表主要由资产负债表、利润表和现金流量表组成。资产负债表是反映企业某个时点(如 2016 年 12 月 31 日)财务状况的报表;利润表是反映企业某个时期(如 2016 年度)经营成果的报表;现金流量表是反映企业某个时期经营活动、投资活动、筹资活动现金流量情况的报表。

2.2.1.3 会计的分类

会计职业可分为企业会计、非营利组织会计和公共会计三类。本书主要研究企业会计。企业会计依其工作侧重点不同,一般又可分为财务会计和管理会计。

财务会计以《企业会计准则》为主要依据,对企业已经发生的交易或事项,通过确认、计量、记录和报告等主要程序进行加工处理,并借助以报表为主的财务报告形式,向企业的利益相关者(包括内部与外部)提供以财务信息为主的经济信息,并分析财务报告,评价企业偿债能力、获利能力等。财务信息的主要使用者包括股东、债权人、管理层及政府有关部门等。在实际工作中,财务会计既需要取得和填制原始凭证、登记账簿(或输入计算机)、编制(或打印出)报表,又需要分析报表、发现企业经营过程中出现的问题、寻找解决问题的对策。此外,还要结合企业的资金需要,筹措资金、安排资金的使用等。

管理会计着重为企业进行最优决策、改善经营管理、提高经济效益服务。管理会计需要针对企业管理部门编制计划、作出决策、控制经济活动的需要,记录和分析经济业务,捕捉和呈报管理所需的信息,并直接参与决策控制过程。管理会计按其所从事的工作可分为以下几个领域:①成本会计——以归集和分配生产过程中的各种耗费,计算、报告和分析产品成本为手段,以降低产品成本为目的。②决策会计——以提供与企业经营和投资决策有关的信息、参与决策过程为手段,以提高企业决策正确性为目的。③控制会计——以编制费用预算、制订成本和利润目标为基础,根据所制订的预算和目标,记录、控制、报告、分析费用成本发生和利润实现情况。④责任会计——划分企业内部责任部门，以企业内部各部门在经济业务和作业上所承担的责任为对象，归集、报告和分析各部门履行责任情况。

财务会计所提供的报告主要服务于企业外部使用者，所以其提供的信息称为财务信息；而管理会计所提供的报告则基本上为了满足企业管理人员的需要。因而，财务会计工作要遵循权威机构所颁布的会计准则和会计制度，提供的信息以历史数据为依据，有统一的要求；而管理会计工作除了成本会计这一分支外，一般不受会计准则和会计制度的制约，信息提供视内部管理的需要而定，既包括历史数据，也包括预测数据。财务会计和管理会计所提供的信息，合称为会计信息。

2.2.1.4 会计信息使用者

（1）股东。股东在决定是否支持将公司实现的利润以现金股利形式分配时，就需要了解公司的发展前景、盈利情况，以及公司是否有充足的现金可用于发放股利。又如，考核公司管理层，就需要对公司的经营绩效作出恰当的评价，这种评价也需要以公司财务状况、经营成果和现金流量的信息为依据。是否增持或者减持公司股份的决策也需要财务信息的支持。

（2）债权人。债权人是企业重要的利益相关方，他们提供信贷资金的目的是按约定条件收回本金并获取利息收入。也就是说，债权人关心的主要是企业能否按期还本付息。基于此，他们需要了解企业的资产与负债的总体结构，分析资产的流动性，评估企业的获利能力、产生现金流量的能力和偿还到期债务的能力，从而做出向企业提供贷款、维持原贷款数额、追加贷款、收回贷款或改变信用条件等方面的决策。

（3）管理层。管理当局需要运用会计信息进行企业经营中的计划、生产经营过程的控制和评价。例如，当企业做出通过贷款来筹集资金的决策前，必然要利用会计报表所提供的信息对企业目前的资产负债率、资产构成及流动情况、投资项目产生现金流量的金额和时间分布、还款能力进行分析。

（4）政府税务及监管部门。国家税务部门进行的税收征管是以财务会计数据为基础的，无论是流转税征收中的原始凭证稽核和流转额的确定，还是所得税征收中应纳税所得额的确定，都离不开财务会计所提供的信息；证券监管机构对证券发行与交易进行监督管理时，财务会计信息的质量以及信息披露的及时性是监管的重要内容。

（5）其他会计信息使用者。其他会计信息使用者包括会计师事务所、外包供应商和客户、企业员工等。他们出于不同目的都需要基于会计信息进行决策。

2.2.1.5 会计要素及其确认与计量

在我国的会计要素体系中，资产、负债、所有者权益构成资产负债表要素，反映某一时点企业的资源、对资源的要求权及其变动；收入、费用和利润构成利润表要素，反映某一时期企业的收入、费用以及配比而形成的收益。需要注意的是，在不同的会计准则环境下，会计要素不会完全相同，它取决于该会计系统所处的环境以及财务会计的目标。

会计确认是将符合会计要素定义及满足确认标准的事项纳入会计报表的过程，它回答哪些信息、在何时列入哪一张会计报表。经济交易或事项的确认标准是：符合会计要素的定义、可计量性、相关性、可靠性。

会计要素计量是指为了在资产负债表和利润表内确认和列示会计要素而确定其金额的过程。这一过程涉及计量属性的选择。可供选择的计量属性包括：①历史成本，即取得或制造某项财产物资时所实际支付的现金或其他等价物；②重置成本，是指按照当前的市场条件重新取得同样资产所需支付的现金或现金等价物；③可变现净值，即在正常生产经营过程中，以预计售价减去进一步加工成本和预计销售费用以及相关税费的净值；④现值，即对未来现金流量以恰当的折现率进行折现后的价值，是考虑货币时间价值的一种计量属性；⑤公允价值，即公平交易中，熟悉情况的交易双方自愿进行资产交换或者债务清偿的金额。

2.2.1.6 会计信息的质量特征

为了使财务报告能够满足使用者的需要，会计信息在质量上应该达到以下要求：①可理解性。即会计信息对于那些具有一定会计知识而又愿意花一定精力去了解企业财务状况、经营业绩和现金流量的人来说，应该是可理解的。②决策有用性。即在财务报告中提供的信息必须对大多数报表使用者进行投资、信贷和类似决策时具有使用价值，而对决策无用或用处不大的信息则不予提供。③相关性。即提供的信息与报表使用者所要达到的目的相关联。④可靠性。即信息能够确切地表达经济活动的本来面目。⑤可比性和一致性。可比性强调同行业企业间会计政策、会计程序和方法的相互可比，从而有利于信息使用者对会计信息进行比较、分析和汇总。一致性要求某一企业不同期间应尽可能地做到会计政策选择、会计程序和方法的一贯性，不得随意更改。⑥重要性。即对所有的重要经济事项及其影响在会计上必须给予可靠的详尽揭示，而对某些次要的信息可以适当简化或省略，以避免其掩盖或冲淡重要信息的有效利用。

2.2.2 审计服务

2.2.2.1 审计的定义

人们对审计的认识随着审计实践的丰富而不断完善和发展，最具有代表性的有下面几个定义：

美国会计学会（AAA）在颁布的《基本审计概念说明》的公告中，把审计概念描述为："为确定关于经济行为及经济现象的结论和所制定的标准之间的一致程度，而对与这种结论有关的证据进行客观收集、评定，并将结果传达给利害关系人的有系统的过程。"

美国注册会计师协会（AICPA）在《审计准则说明书》第1号中，对审计概念的描述为："独立审计师对会计报表审计的目标是，对会计报表是否按照公认的会计原则在所有重大方面公允地反映财务状况、经营成果和现金流量发表意见。"

《中国注册会计师审计准则》第1101号——《注册会计师的总体目标和审计工作的基本要求》对审计概念的描述为："审计的目的是提高财务报表预期使用者对财务报表的信赖程度，可以通过注册会计师对财务报表是否在所有重大方面按照适用的财务报告框架编制发表审计意见得以实现。"

2.2.2.2 审计的分类

1. 按审计目的和内容分类

按目的和内容不同,审计划分为三大类:财务报表审计、经营审计和合规性审计。

(1)财务报表审计。即对财务报表进行审查以确定其是否符合既定标准,是否公允反映了企业的财务状况与现金流量。这些既定标准可能是国际财务报告准则(IFRS)、美国公认会计准则(GAAP)、中国的企业会计准则等。当然,对按照计税基础、收付实现制基础或监管机构的报告要求编制的财务报表,注册会计师进行审计也较普遍。

(2)经营审计。即为了衡量组织经营绩效而进行的特殊项目审计。在经营审计结束后,注册会计师一般要向被审计单位管理当局提出经营管理的建议。在经营审计中,审计对象不仅限于会计,还包括组织机构、计算机信息系统、生产方法、市场营销,以及注册会计师能够胜任的其他领域。在某种意义上,经营审计更像是管理咨询。

(3)合规性审计。即对组织的运作过程进行审查,以确定企业是否遵循了由更高的权威机构制定的既定程序、规则和法律。合规性审计的结果通常报送给被审计单位管理当局或外部特定使用者。

2. 按审计主体分类

按审计主体不同,审计划分为政府审计(国家审计)、内部审计和民间审计(注册会计师审计、社会审计),并相应地形成了三类审计组织机构,共同构成审计监督体系。

(1)政府审计。是由政府审计机关代表政府依法对各级政府及其部门的财政收支及公共资金的收支、运用情况进行的审计。

(2)内部审计。是由各部门、各单位内部设置的专门机构或人员对本部门、本单位的财务收支和经营管理活动实施的审计。

(3)注册会计师审计。是由经政府有关部门审核批准的注册会计师组成的会计师事务所接受委托对所有营利或非营利组织进行的审计。

在审计监督体系中,政府审计、内部审计和注册会计师审计既相互联系,又各自独立、各司其职,泾渭分明地在不同的领域实施审计。它们各有特点,相互不可替代,因此不存在主导和从属的关系。从发展的观点来看,随着政治的逐步民主化,以监督国家经济活动为主要特征的政府审计将会得到加强;随着企业规模的逐步扩大和内部管理的科学化,内部审计将得到更大的发展;随着经济的逐步市场化,注册会计师审计将在整个审计监督体系中占据日益重要的地位。

2.2.2.3 审计业务范围

(1)财务报表审计。指审计师对财务报表是否在所有重大方面符合既定的财务报表框架发表意见,其目的是增强潜在报表使用者对企业历史财务报表的信任度。

(2)财务报表审阅。指审计师通过询问、分析程序和有限检查来获取证据对所审阅信息是否不存在重大错报提供有限保证,并以消极方式提出结论。

(3)特殊目的的审计。审计师可能因特殊目的的报告而检查历史财务信息,如按照其他会计方法(如客户对所得税申报的处理方法、收付实现制会计、政府立法部门对财务报告的规定)而不是按照国际会计准则或国内会计准则编制的报表报告、财务报表组成部分报告、合同遵循性报告、简要财务报表报告。

(4)历史财务信息之外的其他鉴证业务。包括:对预期财务报表鉴证业务、对非财务信息(如公司治理、统计、环境信息)鉴证业务、对系统和流程(如公司治理、《萨班斯-奥克斯利法案》规定的内部控制、信息系统等)的鉴证业务和对某一行为(如企业责任、人力资源等)鉴证业务。

2.2.3 财务顾问服务

财务顾问服务是指专业财务咨询机构根据客户的自身需求,站在客户的角度,利用公司的产品和服务及其他社会资源,为客户的日常经营管理、财务管理和对外资本运作等经济活动进行财务策划和方案设计等。在实际财务工作中,根据双方约定的财务顾问服务范围和服务方式,财务咨询机构担任企业的财务顾问并为企业直接提供投融资咨询和财务管理咨询等有偿顾问服务。

1. 投融资咨询

企业投资是指企业以自有的资产投入、承担相应的风险、以期合法地取得更多的资产或权益的一种经济活动。企业投资从投入到产出中间有个经营过程,稍有不慎投资将化为流水。因此,企业投资需要注意客观评估自身条件量力而行,认真研究投资环境、投资项目,要做好市场调查,防止投资失败。企业投资可分为直接投资和间接投资两种。直接投资一般是把资金投放于生产经营环节中,主要为企业设立、购置各种生产经营用资产的投资,以其通过对企业的投资获取投资收益。这种企业经营性直接投资,在总的投资中所占比重较大。间接投资又称金融投资或证券投资,是指把资金投放于证券等金融性资产,以期获得股利或利息收入的投资。随着我国金融市场的完善和多渠道筹资的形成,企业的间接投资会越来越广泛。

企业融资是指企业从自身生产经营现状及资金运用情况出发,根据企业未来经营与发展策略的需要,通过一定的渠道和方式,利用内部积累或向企业的投资者及债权人筹集生产经营所需资金的一种经营活动。资金是企业体内的血液,是企业进行生产经营活动的必要条件,没有足够的资金,企业的生存和发展就没有保障。因此,企业融资与资金供给制度、金融市场、金融体制和债信文化有着密切的关系。企业融资主要有以下两种融资方式:①内源融资。内源融资是指公司经营活动结果产生的资金,即公司内部融通的资金,它主要由留存收益和折旧构成,是指企业不断将自己的储蓄(主要包括留存盈利、折旧和定额负债)转化为投资的过程。内源融资对企业的资本形成具有原始性、自主性、低成本和抗风险的特点,是企业生存与发展不可或缺的重要组成部分。事实上,在发达的市场经济国家,内源融资是企业首选的融资方式,是企业资金的重要来源。②外源融资。外源融资是指企业通过一定方式向企业之外的其他经济主体筹集资金。外源融资的方式包括银行贷款、发行股票、企业债券等,此外,企业之间的商业信用、融资租赁在一定意义上说也属于外源融资的范围。外源融资是吸收其他经济主体的储蓄,以转化为自己投资的过程。随着技术的进步和生产规模的扩大,单纯依靠内源融资已很难满足企业的资金需求,外源融资已逐渐成为企业获得资金的重要方式。

企业的投资与融资活动涉及经济、法律、会计等各方面的专业知识,只有具备丰富知识和经验的专业人才,才能帮助企业制定最优的投资和融资方案。

2. 财务管理咨询

所谓财务管理咨询，是指以提高企业经济效益为目的，运用定性和定量的分析方法，对企业生产经营活动的劳动消耗、物质消耗和资金占用的效果以及财务成本管理工作进行分析和评价，提出改善方案，并帮助指导实施的一种管理服务活动。实际工作中，财务管理咨询的许多内容体现为营运资本管理咨询。

营运资本管理主要侧重于流动资产管理和为维持流动资产而进行的融资管理。具体而言，流动资产管理主要包括现金和有价证券管理、应收账款管理、存货规划与控制几个方面。

公司出于交易性需求、预防性需求和投机性需求等动机通常需要留置一定数量的现金。现金管理的主要内容包括目标现金余额的确定和现金流量日常管理。现金流量日常管理的目标包括：尽快收回应收账款；在保持公司信誉的前提下尽可能延迟支付账单；将多余现金合理地投资于短期证券。

应收账款管理的目标是正确衡量信用成本和信用风险，合理确定信用政策，及时回收账款，保证流动资产的质量。公司提供商业信用，采取赊销、分期付款等销售方式，可以扩大销售，增加利润。但是，应收账款的增加也会造成资本成本、坏账损失等费用的增加。收益与风险并存的客观现实要求公司在强化通过应收账款竞争扩大销售的功能的同时，尽可能降低应收账款的成本，最大限度地发挥应收账款的投资收益。

存货规划与控制。在存货上的资金投资是财务管理的重要组成部分。存货成本包括存货取得成本、储存成本、短缺成本三类。企业必须掌握控制存货的各种有效方法，以降低存货成本，实现资本的有效配置。

2.3 财务外包的作用

财务外包作为一种新的财务管理模式，具有四大作用：降低企业经营成本；获得专业支持，提升财务部门的决策能力；促进组织结构转型，提升企业核心竞争力；提高企业会计信息披露的质量和可信度。

2.3.1 降低企业经营成本

中国企业的发展年限普遍较短，管理经验和资金积累明显不足。但中国企业又不得不面对经济全球化背景下来自国际竞争对手的压力。企业信息的自动化管理迫使企业在这方面花费大量的资金，企业内部的经营成本加大。从全球范围的平均水平来看，财务与会计处理的运营成本标准为不超过企业营业收入的0.75%，而中国企业普遍超过这个数字。目前，我国不少企业有一种误解，认为财务外包就是为了节省劳动力成本。而中国的劳动力成本特别是欠发达地区的劳动力成本相当低，因而他们认为不需要外包。实际上，从企业的长期发展看，承包商的规模经济运作方式可以降低企业的经营成本，更为重要的是，通过财务外包，我国企业可以直接利用承包商的技术设施和技术力量，避免企业在财务硬件、软件、人力资本等方面的投资。因此，财务外包有助于降低我国企业的经营成本。

2.3.2 获得专业支持，提升财务部门的决策能力

随着新会计准则的实施和税制改革的逐步深化，中国企业的会计核算和税务处理越来越复杂，会计人员需要花费大量的时间来学习会计和税务专业知识，企业的税务人才尤其短缺。中国加入WTO给企业带来新的发展机遇，许多企业已经实施了国际化的发展战略。尽管2006年颁布的新会计准则已在真正意义上与国际接轨，但目前仍有非常多的中国企业的财务工作缺乏与其国际化发展进程相适应的水准。从外部市场环境来看，中国的银行业、会计师事务所、咨询公司及收账公司等支撑企业良性运转的各类机构的功能正逐步增强，业务也越来越细化，法制环境不断完善，中国企业采取财务外包经营模式已成为可能。财务外包可以使中国企业省去自己探索的过程，抛弃自己不擅长的领域，使企业的专业视野变宽，并有可能在短时间内提高中国企业管理层的决策能力。一些国际知名的承包商更是拥有先进的财务管理经验。

2.3.3 促进组织结构转型，提升企业核心竞争力

为增强企业在市场上的竞争力，近几年中国许多企业缔结为企业集团，企业规模迅速扩大，组织结构也变得非常臃肿，管理效率低下，企业的管理水平与企业规模不相适应。引进财务外包，中国企业可以凭借承包商丰富的管理经验对企业整个业务流程进行整合，摒弃不合理的运行方式，使企业组织结构从金字塔式向扁平式转变，并在短期内达到发达国家的管理水平。对于那些跨国经营的中国企业，可以凭借财务外包的契机，将按地理位置分割的较为传统的企业组织结构转变为按业务划分的结构，进一步增加组织结构的运行效率。一些组织结构不合理、管理不规范的公司可以凭借财务外包的契机调整企业的组织结构，使企业的组织管理朝向高效、可控的方向发展。

为取得相对于竞争对手的优势，中国企业必须充分利用有限的资源，最大限度地发挥自身在产品生产、运作、市场、服务等方面的独特技术或技能。财务部门也需要有更多的时间和精力关注自身的经营，分析企业有核心竞争力的项目，为企业创造更多的价值。国际知名的承包商一般具有丰富的企业国际化运营的管理经验，如果中国企业与它们形成长期稳定的合作关系，就可以直接站在具有国际水准的企业管理的制高点上参与竞争。过去，中国许多企业搞合资，除为了引进资金外，另一个很重要的原因就是希望学习和借鉴国外先进的企业管理经验。现在，通过财务外包与国际承包商之间的经常性合作，中国企业无需采取放弃股权的合资经营方式，就可以获得先进的企业管理经验，这必将有助于中国企业迅速提升自己的核心竞争能力。

2.3.4 提高企业会计信息披露的质量和可信度

外包将与业绩挂钩的经理与处理业务的会计人员进行分离，减少了经理操纵财务数据的机会，提高了财务数据的可信度。更为重要的是，企业的财务外包行为本身就向外界表明了CFO和CEO在处理财务与会计业务方面的相对独立性。会计信息披露的质量和可信度问题在中国由来已久，并且已经影响到某些企业的融资能力。许多海外上市的

中国企业无论是在上市的过程中还是在上市之后，会计信息披露的质量常常遭到海外投资者和监管机构的强烈质疑。这其中甚至包括像海尔、中国石化这样的国内龙头企业。中国许多企业的财务不透明所引起的财务预测和预警功能的缺失已影响到海外投资者对中国企业的信心。对于中小企业而言，由会计信息的不可信所带来的贷款难问题始终未能解决。随着2006年中国新会计准则的实施，投资者、监管机构、社会公众和政府部门都在坚决主张企业的会计信息披露的真实性和透明度。提高会计信息披露的质量和可信度是中国许多企业通过财务外包可以获得的最为重要的作用之一。对于海外上市的中国企业来说，外包后对外披露的财务报告有助于赢得全球投资者的信任，并向全球投资者展示了企业专注于核心业务的决心。而对于中国的中小企业来说，外包后对外披露的财务报告可以增强企业获得贷款的能力。

2.4 财务外包的发展现状

2.4.1 财务外包市场发展特征

1. 市场正趋于成熟，地区结构集中

自2000年开始财务外包步入快速成长期。根据Everest Group的调查，2000—2005年财务外包年均复合增长率为24%，2006—2010年年均复合增长率接近20%。此后市场规模的扩张速度逐渐放缓，Eeverest Group的2015年年度研究报告显示，相比于5年前两位数的增长率，2014年财务与会计外包市场的增长率已下降至6%。合同中止率下降，合同续订在FAO(财务会计外包)市场上占据了绝对的大份额，显示出FAO市场正趋于成熟。新增外包业务主要来源于新加入外包的企业，就地域来说，主要分布在新兴市场如亚太地区和中东、非洲地区；就规模而言，主要是更小的机构，如中小企业；就行业而言，主要分布在健康医疗、零售、高科技、电信企业。

在总量增加的同时，财务外包的地区分布逐渐呈现多元化的特征。由于财务外包合同约有95%具有离岸特征，使得有越来越多的国家和地区加入了这一市场，如美国、欧洲、亚太地区、非洲等。外包市场趋于分散，但同时整个市场的集中度依然很高。主要外包服务提供商集中于美国、欧洲。亚洲与太平洋地区增速很快，特别是印度，其外包业务占据了新签订外包合同的30%左右。但总体上外包市场份额仍旧主要集中在发达经济体，且短期内这种趋势不会有太大变化。

2. 市场竞争结构多元化趋势明显，但集中度仍然较高

目前财务外包市场的竞争结构也日益多元化，有越来越多的企业进入了这一领域。其中处于领导地位的服务提供商虽略有变化，但总体上仍是少数明星企业占主导。Everest Group的2015年年度研究报告显示，2014年最大的5个服务提供商占据了接近2/3的FAO市场份额。多流程财务会计外包业务逐渐增多，包括Accenture、Capgemini、Xerox等在内的超过20家FAO服务提供商已具备多流程服务提供能力。此外，服务提

供商越来越多地投资于技术解决方案和专业化流程以满足不断提高的发包方预期。利用合作伙伴的杠杆投资，尤其是第三方技术服务提供商的投资的比例越来越大。

3. CFO 职能动态化

由于国际财务外包业务领域逐渐由业务处置型转向决策支持型，同时外包所涉及的业务领域逐渐延展，这就要求与业务相关的 CFO 职能开始转变。CFO 的传统职能是负责融资、交易处理以及辅助公司的内部管理。随着财务外包的实施，CFO 有义务负责借助 IT 工具快速聚集数据、分析数据并分配给不同的决策者，同时能够保证系统的正常工作，解释和评价系统揭示的信息，参与企业的经营战略决策。可见，财务外包时代 CFO 的职能应由日常的财务操作管理转向决策支持，这样才更有利于公司的长远发展。对 CFO 来说，担任企业整体的规划管理和内部控制是必然的发展趋势。

4. 外包领域持续拓宽

伴随着全球经济恢复，外包领域将继续朝着两个方向变化。一方面，行业领域的覆盖面开始拓宽。虽然短期外包所覆盖的范围仍主要分布在制造业、消费品行业、零售业和高新技术行业，其中制造、金融、零售、旅游和物流及能源和公共事业占据了外包总支出的 70%～75%，但拓宽的趋势会愈发明显。另一方面，财务外包的业务领域也开始拓宽。区别于将传统单一职能外包化，现实的外包领域逐渐由业务处置转变为决策支持，特别是财务职能的模块化使得端对端的财务外包流程出现并发展强劲。

5. 财务外包供应商选择存在变化

财务外包供应商的选择也经历了三个阶段。在财务外包起步阶段，企业选择外包模式多以寻求成本节约和减少分支机构雇员数量为目标，这一阶段仅少数大型公司将外包作为一种财务运作模式。第二阶段则表现在财务外包快速增长的前期。此时，企业业务流程管理向两个方向发展，第一个方向是企业企图构建自身的电子化流程管理系统，期望通过 ERP 等系统的运行来寻求业务流程的内部化，以达到降低成本的作用；另一个方向表现为在起步期的企业识别到财务外包的若干利益，尝试探索外包业务流程的选择及外包供应商的选择层面。第三个阶段为当前阶段，财务外包市场的发展日渐成熟。由于内部化的集约系统在与外包业务发展的对比中处于劣势，而主要的外包供应商已逐渐具备提供多样化服务的能力，发包公司开始考虑巩固多样化服务外包供应商的稳定地位，也看到了选择单一且具备多样化服务外包供应商的若干优势，使得财务外包服务又回到了集中化之路。

2.4.2 财务外包面临的问题

当前，我国财务外包市场面临着财务外包专门法律缺失、财务外包供应商市场单薄、财务外包主体之间文化的冲突等三个现实问题。

1. 财务外包专门法律缺失

企业财务高端化发展离不开财务外包，财务外包能否顺利发展需要国家宏观政策的正确引导与支持。目前，我国只有一些针对小型民营企业的代理记账服务外包的政策性规定，如《代理记账管理办法》(2005)、《财政部 国家税务总局 商务部 科技部关于在苏州工业园区进行鼓励技术先进型服务企业开展试点工作有关政策问题的通知》〔财税〔2006〕第147号〕、《国务院关于加快发展服务业的若干意见》（国发〔2007〕7号）、《企业内部控制应用指引第13号——业务外包》（2010）等一系列文件。尽管对外包业务有了一个外延式的定义，即主要包括研发、资信调查、可行性研究、委托加工、物业管理、客户服务、IT服务等，并对承包方提出了风险管理的要求，如对承包方选择风险、外包监控质量风险以及商业贿赂而导致的道德风险等风险的关注，但是，有关财务外包方面的专业指导性文件仍然没有出台，仍然缺少对发包方如何应对财务外包风险、走出两难境地的具体政策性指引，至于财务外包方面或财务外包风险规避等方面的专业性法律法规，更是从未出现。正是由于缺乏财务外包的专门法律法规，导致发包方无法按照专业化的合理流程来进行财务外包选择决策、财务外包过程管理以及外包后期安排等，外包服务提供商资质无法合理界定，财务外包服务收费没有一个统一标准，阻碍了财务外包的发展。因此，从制度环境层面为财务外包业务创造有利的法律政策条件，为发包方减少后顾之忧，为承包方构建有效的市场，是当前阶段财务外包发展的首要之举。

2. 财务外包供应商市场单薄

当前，外资企业占了国内外包供应商市场的大半壁江山，而且大部分能够承担大型财务外包业务的承包商都是会计师事务所，如著名的四大国际会计师事务所——PWC（普华永道）、DTT（德勤）、KPMG（毕马威）、EY（安永）。内资会计师事务所如立信、岳华、天健等，其年收入还不及四大会计师事务所之一的1/10。其中，普华永道中天、德勤华永、毕马威华振和安永华明四大会计师事务所稳居2010年会计师事务所综合评价前四位，排在第五位的中瑞岳华会计师事务所在2009年的总收入还不及第四位安永华明的一半。虽然近几年国内涌现出大量的小规模财务咨询公司，但是其业务水平、企业文化、人才培养等方面极其欠缺，造成了财务服务承包方质量参差不齐，很多外包承包商不具有承接大型企业的财务战略外包项目的资质，无法与国际大型事务所相抗衡，我国财务外包供应商市场明显单薄。然而，由于四大国际会计师事务所的收费标准高，一般企业都无法承受，因此，许多企业只有从有限的、业务水平不高的外包服务提供商中选择。而基于利益最大化的考虑，承包方承接与自身能力不相符的财务外包项目也时有发生，由此导致发包方要么财务外包成本过高、要么财务外包质量下降或外包失败。可见，我国财务外包供应商市场的发展滞后，对我国财务外包的发展已构成明显的制约。

3. 财务外包主体之间文化的冲突

财务外包的发包企业和接包企业属于不同的两个经济实体，拥有不同的内外环境、不同的财务制度、不同的商业导向等，这些都可以归结为企业文化差异，这一文化差异还体现在国际文化差异上。在当前的外包市场中，国际财务外包占相当大的比重。当双方（尤其是发包方）因为一纸外包协议而选择在一起合作时，必然会面临着这种文化差异带来的不兼容风险。企业文化的兼容性，主要表现在企业的工作作风是严谨的还是开放的，管理方式是集权式还是分权式，财务管理方式是集权管理还是分权管理，企业的发展是以流程导向、创意导向、人治导向还是以行动导向，企业的战略是长期布局还是短线操作，以及对合理性与风险的看法，等等。如果企业文化不能兼容，不但会带来双方合作过程中的互不信任，降低承包服务提供商的服务质量或促使其回避曾经做出的承诺等，而且很有可能带来发包方员工的疑虑与不安，导致员工可能大量离职，影响整个财务外包的稳定性。

2.4.3 应对建议

1. 尽快出台财务外包专门法规

为应对财务外包某些突发性的法律问题，保持较高的灵活度，必须尽快以部门规章的形式出台财务外包法规，制定并颁布合理科学的财务外包公司执业准入制度、财务外包内部控制规范、财务外包风险管理制度等，特别是财务外包服务定价、公平竞争等方面的规定，从制度环境层面为财务外包创造有利的法律政策条件，为财务外包服务机构提供一个行为处事的行动准则，为承包方构建有效的市场，为发包方减少后顾之忧，确保财务外包朝着正确的方向发展。

2. 大力发展高标准的会计服务行业

要构建一个有效竞争的财务外包市场，扩大我国财务外包市场份额，就必须大力发展我国高标准的会计服务行业。其基本思路是：其一，严格的准入制度。要严格财务外包公司资格准入制度，大力发展高效的大中型专业会计公司，特别是网络财务外包，引导中小会计公司的发展，通过有效的竞争机制打破财务外包市场上的买方垄断现象，形成国内财务外包服务提供商的行业优势。其二，配套的监管机制。一是制定财务外包监管办法，强化财务外包的宏观调控；二是成立财务外包协会，形成以"国家监管为主、行业协会为辅"的配套监管机制，提高财务外包的整体工作质量。其三，培养高素质的财务外包从业人员。一方面，在高校开设相关财务外包及相关法规的课程；另一方面，组织财务外包从业人员的全国统一考试，发放国家认可的财务外包从业资格证书，作为从事财务会计外包工作的唯一通行证。其四，创建财务外包的公共服务平台，以财务外包信息服务网站的形式，为更多需要财务外包的企业提供信息服务，加大宣传力度，塑造良好形象。

3. 建立有效的财务外包沟通机制

财务外包通常时间较长，发包方与接包方应长期合作共赢。财务外包期间，双方需要不断以有效沟通的方式化解矛盾、解决问题。第一，员工沟通计划应纳入发包方财务外包策略中。发包方应通过职工大会、新闻媒体或内部邮件等方式，解释财务外包计划的主要内容，让所有参与或不能参与的员工都认清财务外包各个阶段的特点，然后采取不同的措施，告知各成员在财务外包中的角色及目标期望等，尽快参与到财务业务流程的改革创新中来。第二，建立与承包方之间的沟通机制，一是确定双方的联络员，一旦发现问题，先由双方的联络员进行协调；二是由双方负责该项财务外包的项目经理与直接岗位人员进行讨论沟通以期解决；三是发包方要建立信息沟通材料，详细记录双方沟通交流的时间、缘由、责任人、汇报人以及处理方式和产生影响等，并汇编成册，便于进行查对。

本章小结

（1）财务外包是指企业将原本由自身提供的财务职能剥离出来，交由外部服务提供商来完成的过程。

（2）财务服务的基本领域涉及会计服务、审计服务和财务管理服务三大类。

（3）财务外包作为一种新的财务管理模式，具有四大作用：降低企业经营成本；获得专业支持，提升财务决策能力；促进组织结构转型，提升企业核心竞争力；提高企业会计信息披露的质量和可信度。

（4）财务外包市场的发展特征主要表现为：市场规模持续扩张，地区结构集中；市场竞争结构多元化趋势明显，但集中度仍然较高；CFO职能逐步由业务处置型向决策支持型转变；外包领域持续拓宽；财务外包供应商选择存在变化。

（5）财务外包市场面临着财务外包专门法律缺失、财务外包供应商市场单薄、财务外包主体之间文化冲突等问题。为了完善财务外包市场，需要尽快出台财务外包专门法规，大力发展高标准的会计服务行业，建立有效的财务外包沟通机制。

3 财务外包市场主体及外包模式

【学习目标】

1. 了解财务外包市场的参与主体；
2. 理解财务外包模式，掌握网络外包与购进式外包；
3. 了解财务外包模式的发展趋势。

【案例引导】

GE 财务外包

作为 GE（通用电气）几乎所有财务业务的承揽者，GE 金融国际服务集团（GE Capital International Services，GECIS）是如何使 GE 这个庞然大物的财务运转自如的？

在 2004 年 11 月 8 日被部分出售之后，GECIS 作为 GE 集团财务外包公司的身份变得更加名正言顺了。因为在此之前，几乎包揽了 GE 所有财务业务的 GECIS 一直是作为 GE 资本（GE Capital）的子公司存在的。

GECIS 成立于 1993 年，总部设在印度新德里。GECIS 拥有雇员 1.7 万人，其中 1.2 万人工作在印度的 4 个业务中心，其余 5000 人分布在匈牙利、墨西哥和中国。2003 年该中心业务处理收入 4 亿美元，规模在驻印的欧美公司中位居第一。

GECIS 为通用电气各集团提供各种业务流程外包服务，包括金融保险业的交易处理、财务服务、信息技术支持、客户服务中心、员工服务和供应链管理等。GECIS 就是 GE 的财务后台支持系统，包揽了 GE 几乎所有财务业务。同时，作为 GE 集团的一部分，GECIS 与其他公司一样有自己的业务部门和财务部门，有自己的 CEO。"唯一不同的是，我们提供的是 GE 内部财务支持的服务。"在 GECIS（中国）工作的 Thomas 说。

GECIS（中国）的运作方式

Thomas 是 2002 年从另外一家公司跳槽到 GECIS 的，隶属于 GE 金融国际服务亚洲集团，亦即 GECIS 大连业务中心。该中心负责 GECIS 亚洲区域以及 GE 全球财务的 IT 支持。该中心是从日本迁过来的，由印度中心派人协助当时的总经理组建的。"大连公司到处都是印度人。"Thomas 笑着说。与以前在其他公司做财务工作相比，Thomas 每天的工作其实并没有太大的变化，唯一有变化的是他不属于他办公室所在的公司。"实际都是属于 GE 集团的，我在子公司的办公室里完全感觉不到自己是在为客户提供服务的那种尴尬状态。"Thomas 说。事实上，对于 GECIS 而言，每一个 GE 的子公司都是客户。唯一不同于外部公司的是，GECIS 的服务对象仅为本集团内部的子公司。所有派驻子公司 GECIS 的财务人员的行政关系都属于 GECIS，然而他们所需要负责以及汇报的对象则是子公司的财务经理。

在目前 GE 的公司架构中，每一家子公司依然独立存在财务部门和 CFO。例如，某 GE 上海子公司负责财务工作的有 13 人，其中 10 人是真正属于子公司的职员，另外 3 人则是由 GECIS 大连业务中心派驻上海的人员。两人负责企业内部往来，亦即与 GE 集团内部其他子公司的所有往来，另外一人负责该子公司的固定资产。

企业内部往来是 GE 内部关联交易的应收、应付，Thomas 负责与美国方面对账。如果没有 GECIS 的存在，可能中国与美国两家分公司需要做出很多的报表互相传递，但是现在，"我们两个人互相看看电脑就可以了。"Thomas 愉快地说。同时在 GE 集团，内部往来的集团有一个系统。这个系统的所有信息、资源、技术支持包括服务器都是属于 GECIS 所有。它的作用则是轧平集团内部所有子公司的关联业务的账目，亦即 A 应付 B 公司的账款，与 B 应收 A 公司的账款在系统中必须有对应，对应的结果是 0。所有 GE 集团的报表数字都必须反映到这个系统中去。Thomas 补充说："这个系统中同样也包括 GECIS 与子公司的所有往来，这也是我们的一项业务。""GE(中国)各业务集团的工资、报销等都会在大连中心完成，GE(中国)不在所有的业务集团设立此类辅助性部门。"

GECIS 存在的理由

GE 集团内部一直都有完整的对财务人员的培训机制。在拥有庞大的财务专业人才培训系统的 GE，财务外包似乎并不是一个非常值得考虑的问题。然而事实上，GECIS 确实存在了。成本，并不一定是 GE 决定将财务外包的最重要原因，当然，这肯定是原因之一。显而易见，GECIS 的四个业务中心都设在劳动力成本低廉的地区。设在大连的中国业务中心曾经是设在日本的，2000 年从日本转移到了中国大连，原因也是当时日本的劳动力成本高于中国。财务外包并不仅仅缩减了成本，同时，这种方式提高了工作的效率和质量。

然而，这并不是真正的外包，只不过是以前由各子公司分别做的财务业务现在都统一交给 GECIS 来做。"反正也要拿出来外包，与其给其他公司做，不如自己做。"这可能是 GECIS 成立的最直接原因。在 GE 内部普遍认为，这种方式可以减少成本，简化财务流程，同时加强财务控制。而事实上，很多人依然对财务外包这种方式并不看好。"一个公司怎么能在完全透明的状况下运营？"财务涉及一个公司的所有业务，这本身就是公司的核心机密。像 GE 这样，自己成立一个部门来做外包可能是最适合 GE 的一种方式。然而，是否真的可以做到包括 IT 支持在内的真正外包呢？事实上，在前 GE 集团 CEO 韦尔奇的时代，当涉及下面一些问题时，公司是高度集权的：核心价值，财务目标，员工的评核、升迁和辞退(这些不论在何处都是最严格、最伤神的程序步骤)，以及韦尔奇在过去 15 年里的一些首创想法(这些想法包括 1980 年代提出的全球化，1995 年提出的变单个产品为产品加服务，1996 年提出的六个西格玛质量控制计划以及自 1999 年以来开始实施的电子商务)。在这些问题上，每个人都要随着通用电气总部的旋律亦步亦趋，否则后果自负。

从后台支持到真正外包

GE 的行动似乎是要表明要将财务外包进行到底。2004 年 11 月 8 日，GE 宣布已经以 5 亿美元的价格将 GECIS 60% 的股份出售给私人控股的证券投资集团 General Atlantic Partners 和 Oak Hill Capital Partners。GE 保留该公司 40% 的股权，并计划在该子公司全部员工中留任 1000 名员工。很快，GECIS 的介绍就在 GE 的网页"业务集团"这一项下面消失了。此举重新划定了它的业务界限，并意味着相对于以前的局面而言 GE 成了 GECIS 的外部客户。也就是说，此后，GE 从财务分析到软件开发等种种后台支持服务变成了真正的外包。

GE 的经理们这样解释他们的外包决定：GECIS 提供的后台服务被认为是非核心的，因此这块业务适宜外包。但这样做的风险在于，今天的非核心流程到了明天可能会成为竞争优势的来源。GECIS 内部员工猜测，GE 此举意味着 GECIS 将会吸引更多的外部大客户，有望把 GECIS 发展成为全球最大的公司之一。以后 GECIS 可能不但会有 GE 这一个常年客户，还可能会接受更多其他公司的财务外包业务，如日本 NISSAN 这样的客户就可能把 30% 的后台业务交给 GECIS 来做。GE 虽然只保留了 40% 的股份，但仍然是 GECIS 的最大股东。企业战略家认为，GE 在 GECIS 保留 40% 的股权，这是一种两全其美的安排：既能降低成本、精简规模，又没有任何潜在的损失，可能会变成其他美国公司效仿的模版。然而，GE 如何能在接受另外两家股东的监督的同时保留自己的核心机密呢？这显然是一个很关键的问题。又有人对此再次提出了疑问。

（文章来源：《全球财经观察》）

3.1 财务外包市场主体

从企业内部发展来看，企业需要不断地开展投资、融资等财务活动，需要与税务部门、上级主管部门进行协调交流。如何更好地把握国家政策的走向进行投资、融资活动，如何在现有的税收政策下进行合理避税以节约开支，已经成为企业快速发展所要思考的问题。企业迫切需要获得熟悉国家投资融资政策、税收政策的专业人才或专业机构的帮助与支持。

从外部市场环境来看，银行等金融机构、会计师事务所等中介机构、咨询公司和财务公司等服务机构能力的增强和业务的细化，为财务外包提供了可行性。当前，许多银行已经开展了针对企业的各种理财服务业务，如网上企业银行、电子结算业务、票据产品业务、贸易融资、离岸理财、投资理财、资产业务、负债业务等服务。银行与企业关系的改善与变革使得原来必须由企业财务人员亲自操办的一些业务可以交由合作银行完成。会计师事务所的主要业务也已经从单纯的独立审计、资产评估向财务制度设置、税务咨询、投资咨询等管理咨询方向发展。另外，一些小型的投资、财务咨询公司和代理记账公司的兴起也为中小企业采用财务外包进行代理记账、代理纳税申报、应收应付账款管理提供了可能。现在，越来越多的公司愿意委托外部独立审计部门完成工程预决算审计和其他内部审计任务，委托收账公司完成应收账款的清收，向会计师事务所进行咨询，或干脆将相应的财会业务外包给会计师事务所，从而将自己的注意力集中于核心优势上。

这些实施财务外包的企业单位以及参与财务外包的金融机构、中介机构、咨询公司、财务公司等各类服务机构，共同构成了财务外包的市场主体，它们形成了财务外包代理关系中的委托方与受托方。下面从财务外包的委托方和受托方间的代理关系角度，对财务外包市场主体间的活动进行介绍。

3.1.1　财务外包代理市场的委托方

各类企业通常是财务外包市场中的委托方，但不是所有企业都适合实施财务外包策略。作为财务外包市场的主体，企业不能盲目从众，应根据自身的具体情况，确定是否实施财务外包以及选取财务外包的正确方式，例如，是部分外包还是全部外包等。一般而言，适合实施财务外包的企业主要有以下类型。

1. 新建企业

面对激烈的竞争环境，一个企业特别是新成立的企业，很难具有全面的资源优势。企业如果把资源分散到各个环节上，必然会造成资源的浪费，不利于迅速建立自己的竞争优势。例如，内部控制制度、会计系统的建立需从零做起，专家成本较高，整个过程较长。而如果把这些繁杂的工作交给专业服务机构来做，不仅可以节约成本、节省时间，还可以取得高质量的服务效果。

2. 业务较少的企业

有些企业，如汽车设计企业，每年的业务量很少，财务部门有业务时比较繁忙，没有业务时无所事事，这样就出现了企业人员闲置的现象，既浪费了人力资源，又浪费了物力资源。因此，这类企业可以考虑将比较程序化、相对独立的非核心财务管理职能（主要包括财务管理的程序性职能或可以分离的单个操作性财务事项）外包给专业机构办理，企业不必再为此类业务设置专门机构和配备专门人力，这样做既降低了企业的人力成本、规范了公司财务管理，又规避了很多风险，使双方优势互补，打造双赢蓝图。

3. 具有季节性的企业

季节性企业大多受气候、环境影响较大，全年产量或销量呈季节性不均衡状态。例如，砖厂、灰厂、焦厂、石料厂和红枣加工厂等季节性生产加工企业，其挖砖、磨灰、粉煤、捣石、熏枣等过程大多在户外，在雨季无法进行。因此，季节性企业的一个显著特征就是其生产或销售在淡旺季业务量及人员需求差异很大，这给企业的资源管理带来了巨大的挑战。在淡季，业务量少，人员闲置，资源浪费；在旺季，业务量大，人员不足，而且一些基础性、重复性工作耗费了企业管理人员的精力，影响其对核心战略性工作的专注度，企业的核心竞争力缺乏保障。所以，对于季度间业务量相差较大的企业，可以考虑将财务外包出去以降低成本，避免资源浪费，提高企业核心竞争力。

4. 分支庞大的企业

这类企业在财务部门下面设有很多小的分支，各类业务分开处理，虽然有效地防止了造假，建立了各分支之间的相互牵制制度，但这是以高成本为代价的。各分支的功能不同，资源利用程度也不同，由于分工比较细，容易产生冗余分支。如果把冗余分支外包出去，不仅可以充分利用资源，还可以提高效率。

3.1.2 财务外包代理市场的受托方

商业银行等金融机构、会计师事务所、税务师事务所、财务咨询公司等等各类服务机构是财务外包市场的主要参与者，通常也是财务外包代理关系中的受托方。

3.1.2.1 商业银行

据《中国银行业监督管理委员会2015年报》，截至2015年底，我国商业银行体系主要有5家大型国有商业银行和12家全国性中小型股份制商业银行，其余还有133家城市商业银行和859家农村商业银行，以及中国邮政储蓄银行。我国主要商业银行有：

（1）国有商业银行。包括中国工商银行、中国农业银行、中国银行、中国建设银行、交通银行。

（2）股份制商业银行。包括招商银行、浦发银行、中信银行、中国光大银行、华夏银行、中国民生银行、广发银行、兴业银行、平安银行、恒丰银行、浙商银行、渤海银行等。

1. 商业银行的法律性质

第一，商业银行的成立实行特许制。商业银行由国家特许成立，发放银行经营许可证的部门是中国人民银行。特许审批过程主要是：首先由申请人提出申请，然后由中国人民银行予以审查。形式审查要弄清各种申请文件、资料是否齐全，是否符合法律规定；实质审查要弄清审查人是否符合各项经营商业银行业务的条件。审查通过后，由申请人将填写的正式申请表和法律要求的其他文件、资料，报中国人民银行特许批准并颁发经营许可证。值得一提的是，特许批准权力完全属于国家，符合成立商业银行的各项条件也并不意味着一定能取得经营许可证。

第二，商业银行是企业法人。商业银行具有企业性质，拥有法人地位。企业是经济组织，以营利为目的；法人也是组织，但其范围不仅包括企业而且包括非企业组织和团体。

2. 商业银行的基本类型

商业银行可以依据两种标准进行分类。依据职能类型，可以划分为职能分工型和全能型两种。依据组织架构，可以划分为单一银行制、分支银行制和集团银行制以及连锁银行制。

3. 商业银行的主要业务

1）负债业务

商业银行的负债业务是指形成其资金来源的业务。其全部资金来源包括自有资金和吸收的外来资金两部分。自有资金包括其成立时发行股票所筹集的股份资本以及公积金和未分配利润。这一部分也称权益资本。我国商业银行的主体是国有商业银行，它们的自有资金主要是国家拨付的、国家核准从利润中积累的以及进行股份制改革后通过发行股票筹集的。一般来说，商业银行的资金来源中自有资金所占比重很小，不过却是吸收外来资金的基础。外来资金的形成渠道主要是吸收存款、向中央银行借款、向其他银行和货币市场拆借及从国际货币市场借款等,其中又以吸收存款为主。

(1)吸收存款。按照传统的分类方法,存款分为活期存款、定期存款和储蓄存款三大类。

(2)理财产品。近年来,商业银行理财产品在我国方兴未艾。这种产品由商业银行自行设计并发行,商业银行将募集来的资金根据合同约定购买相关的金融产品,并将所获的投资收益分配给投资人。银行理财产品大致分为债券型理财产品、信托型理财产品、挂钩型理财产品及QDII(合格境内机构投资者)型理财产品。与传统意义上的存单持有人不同,商业银行理财产品的投资人须承担一定的投资风险。大部分理财产品的流动性较低,投资人一般不可提前终止合同,少部分产品可终止或质押,但手续费与质押利息较高。在我国,商业银行理财产品一直计入表外业务,不在存款准备金政策管理范围之内。由于表外理财产品具有一定的存款替代特征,因而成为商业银行争夺客户资金资源的重要方式。

(3)其他负债业务。包括从中央银行借款、银行同业拆借、从国际货币市场借款,结算过程中的短期资金占用、发行金融债券等等。

2)资产业务

商业银行的资产业务是指将自己通过负债业务所聚集的货币资金加以运用的业务。这是取得收益的主要途径。对于所聚集的资金,除了必须保留一定部分的现金和在中央银行的存款以应付客户提存和转账结算的需求外,其余部分主要是以贴现、贷款和证券投资等方式加以运用。

(1)贴现。在西方商业银行的开始发展阶段贴现是最重要的资产业务,现在在资产业务中仍占相当比重。这项业务的内容是银行应客户的要求,买进尚未到付款日期的票据。换言之,购买票据的业务称为贴现。办理贴现业务时,银行向客户收取一定的利息,称为贴现利息或折扣,并从票面金额中扣除,余额部分支付给客户。票据到期时,银行持票据向票据载明的支付人索取票面金额款项。

(2)贷款。贷款是银行将其所吸收的资金,按一定的利率贷给客户并约定归还期限的业务。商业银行运用资金的方式虽不只贷款一种,但贷款在其资产业务中的比重一般占首位。贷款业务种类很多,按不同的标准进行划分,至少有如下几个类别:按贷款是否有抵押品划分,有抵押贷款与信用贷款;按贷款对象划分,有工商业贷款、农业贷款和消费贷款;按贷款期限划分,有短期贷款、中期贷款和长期贷款。

(3)证券投资。证券投资是指商业银行以其资金持有各种有价证券的业务活动。按我国《商业银行法》的规定,商业银行不得从事境内信托投资和股票业务。因此,目前它们的证券投资业务对象主要是政府债券和中央银行、政策性银行发行的金融债券。

3)中间业务和表外业务

商业银行的中间业务泛指银行并不需要运用自己的资金而代理客户承办支付和其他委托事项,并据以收取手续费的所有业务。常见的如汇兑业务、代收代付业务、信息咨询业务、财务顾问业务和代客买卖业务等。

表外业务是指凡未列入银行资产负债表内且不影响资产负债总额的业务。通常指金融创新中产生的一些有风险的业务,如互换、期权、期货、远期利率协议、票据发行便利、贷款承诺、备用信用证等业务。

3.1.2.2 会计师事务所

会计师事务所(Accounting Firms)是指依法独立承担注册会计师业务的中介服务机构,是由有一定会计专业水平、经考核取得证书的会计师(如中国的注册会计师、美国的执业会计师、英国的特许会计师、日本的公认会计师等)组成的,受当事人委托承办有关审计、会计、咨询、税务等方面业务的组织。

目前,世界上最大的四家会计师事务所影响着世界的审计,因为它们在许多国家开展日常的审计工作,并且拥有世界上大多数会计职业团体的会员资格,年收入高达数十亿美元。这四家会计师事务所指的是普华永道(Pricewaterhouse Coopers)、安永(Ernst & Young)、毕马威(KPMG)和德勤(Deloitte Touche Tohmatsu)。网络,是指由多个实体组成,旨在通过合作实现下列一个或多个目的的联合体:共享收益或分担成本;共享所有权、控制权或管理权;共享统一的质量控制政策和程序;共享同一经营战略;使用同一品牌;共享重要的专业资源。网络事务所是指属于某一网络的会计师事务所或实体。许多事务所加入某一网络,成为网络事务所。

1. 会计师事务所的组织形式

综观注册会计师行业在各国的发展,会计师事务所主要有独资、普通合伙制、有限责任公司制、特殊普通合伙制(有限责任合伙制)四种组织形式。

(1)独资会计师事务所。由具有注册会计师执业资格的个人独立开业,承担无限责任。它的优点是:对执业人员的需求不多,容易设立,执业灵活,能够在代理记账、代理纳税等方面很好地满足小型企业对注册会计师服务的需求,虽承担无限责任,但实际发生风险的程度相对较低。其缺点是:由于个人拥有的资本有限,且融资较为困难,无力承担大型业务,缺乏发展后劲;由于承担无限责任,难以通过其他途径分散风险,业主个人承担的风险大。

(2)普通合伙制会计师事务所。是由两位或两位以上注册会计师组成的合伙组织。合伙人以各自的财产对事务所的债务承担无限连带责任。其优点是:在风险的牵制和共同利益的驱动下,促使事务所强化专业发展,扩大规模,提高规避风险的能力。其缺点是:建立一个跨地区、跨国界的大型会计师事务所要经历一个漫长的过程;同时,任何一个执业中的失误或舞弊行为,都可能给整个会计师事务所带来灭顶之灾,使之立即土崩瓦解。

(3)有限责任公司制会计师事务所。由注册会计师认购会计师事务所股份,并以其所认购股份对会计师事务所承担有限责任。会计师事务所以其全部资产对其债务承担有限责任。其优点是:可以通过公司制形式迅速聚集一批注册会计师,建立规模型大所,承办大型业务。其缺点是:降低了风险责任对执业行为的高度制约,弱化了注册会计师的个人责任。

(4)特殊普通合伙制(有限责任合伙制)会计师事务所。是指一个合伙人或者数个合伙人在执业活动中因故意或者重大过失造成合伙企业债务的,应当承担无限责任或者无限连带责任,其他合伙人以其在合伙企业中的财产份额为限承担责任。合伙人在执业活动中非因故意或者重大过失造成的合伙企业债务以及合伙企业的其他债务,由全体合伙人承担无限连带责任。其优点是：在会计师事务所规模较大、合伙人人数众多且分工细化的条件下，最大限度地保护无过错合伙人，避免因某一或某些合伙人的不当执业行为对其他合伙人的合法权益造成重大损害，从而促进会计师事务所健康、稳定发展。

2. 会计师事务所的组织结构

一个典型的国际会计师事务所的组织结构包括：合伙人/董事、项目经理、高级审计师和助理审计师。

（1）合伙人/董事。合伙人/董事是公司的所有者，广泛参与审计计划的制定、审计结果的评价以及审计意见类型的决定；负责与客户保持联系，解决可能的争端，出席客户的股东大会，回答任何与财务报表以及与审计报告相关的问题。另外，他们可能对新员工进行培训，检查审计工作底稿，监督审计师签署审计报告等。

（2）项目经理。项目经理监督由高级审计师负责的工作，负责决定对特殊审计项目的针对性审计程序以及保证审计项目符合审计准则和事务所质量控制要求，并将审计客户名录编制成册。项目经理至少要有5年的从业经历，并且具有广泛的、最新的有关税收、会计准则和政府立法等方面的知识，一般专长于某一特殊的行业或领域。

（3）高级审计师。高级审计师对审计现场工作负责，如对审计人员进行指导，检查工作底稿和时间进度，帮助起草审计报告等，通常要求有至少两年审计师审计的从业经验。

（4）助理审计师（初级审计师）。开始审计师职业的第一职位就是助理审计师，常常负责一些常规性、细节性的审计工作。

3. 会计师事务所的角色

（1）社会经济活动的监督者。在发达国家，会计中介机构被形象地比喻为"经济警察"。在我国，自1997年国有企业的年终财务决算全部交由注册会计师审计后，会计师事务所的活动空间得以不断扩大，监督作用得到加强。三资企业、股份公司、有限责任公司、国有独资公司、上市公司的经营成果，必须经注册会计师核准后，才能在法律上生效，政府有关部门和投资人也才能据此对企业实施管理和作出决策；所有法人企业和非法人经济实体的资本金，必须经注册会计师验证核实后，工商部门才能批准其成立。在宏观经济领域，会计师事务所可按照政府的特定需要进行专项监督，如对财政收入是否按规定级次划分，是否依法征税进行检查，对近年来出现的非法集资案、经济诈骗案进行清理追索，对有关部门的预算外资金以及国家拨付的生产建设资金的使用情况进行查证核实，等等。把国家对经济的宏观调控政策和措施落到实处，使注册会计师成为活跃在中国经济舞台上的一支重要的社会监督力量。

（2）企业经营管理行为的评价者。注册会计师对企业进行独立审计，首先要对企业遵守制度的情况进行符合性测试，并对企业的内部控制制度进行评价。一方面对企业的内控制度是否遵守一贯性原则发表意见，另一方面判断企业的财务报告是否在所有重大方面公允地反映了企业的财务状况、经营成果和资金变动情况，从而确定抽样审计的范围、样本数量和审计重点。注册会计师在这个审计阶段实质上是对企业依据内控制度所进行的经营活动和实施管理行为的合法性进行评价裁定，从而使企业行为得到规范，并步入良性发展的道路。因此，在国际上也把注册会计师称作"经济裁判"。

（3）企业财务状况和经营成果的鉴证者。注册会计师对企业进行符合性测试之后，要对反映企业财务状况和经营成果的有关资料进行实质性测试和鉴定。一方面，对企业资产负债的质和量进行检查核实，从而确定企业的真正规模、实力和资信状况；另一方面，对企业收入费用的合法性、真实性进行确认，从而核准企业利润，确定其应纳税额。尤其是上市公司在发行股票时，证券管理部门依据注册会计师审核鉴证的企业资产、利润、每股收益、每股净资产等财务指标，确定是否批准其发行上市。在上市运作以后，投资人依据注册会计师审核鉴证的企业经营成果决定投资额的增减和利润的分配。由于注册会计师审核鉴证的企业财务状况和经营成果具有法律效力，因此，在国外也会把会计师事务所称作"经济法庭"。

（4）投资人权益的维护者。随着中国现代企业制度的建立，资产的所有权与经营权分离，在投资人与经营者之间形成受托的经济责任关系，资产的占有、使用和支配权转移到经营者手中，这就要求独立于二者之外的会计师事务所客观公正地评价、确认和反映经营者业绩，维护投资人的合法权益。在实践中，注册会计师对企业依法审计作出的审计结论直接影响着股东的信心，决定着股票的价格、公司的兴衰和经营者的命运。虽然会计师事务所的收入来自被审企业，由经营者决定，但它的生存与发展主要受制于能否依法执业。面对投资人与经营者、法与利的矛盾冲突，会计中介机构往往选择客观公正地反映企业的真实情况，并根据情况出具不同意见的审计报告，做到对国家、企业和投资人负责。因此，注册会计师常常被人们称为"经济卫士"。

（5）资本流动的引导者。在资本市场上，会计师事务所通过向社会披露募股公司的资产重组计划、募集资金的用途、预期收益等信息，引导股民的资本投向。在股票上市流通后，则通过公布上市公司经营业绩，引导资本的流动。在直接投资领域，会计师事务所对企业间的合资、参股、控股、购买等投资活动，通过资产评估、价值认定、财务审计加以规范和引导。在间接投资领域，银行及其他债权人则通过会计师事务所对借款人资信的评估和抵押资产价值的评定做出决策。当今会计师事务所对资本流动已从间接引导过渡到直接引导，四大会计师事务所的融资代理业务发展迅速，已显示出其他中介组织不可比拟的优势。这表明会计师事务所已经突破了传统的业务，职能作用在不断扩大。中国会计师事务所也要在资本供给者和资本需求者之间充当信息中介，把资本引向优势产业，使资本的所有者最大限度地避免风险，实现资本盈利性和安全性的统一。

4. 会计师事务所的经营范围

会计师事务所的主要业务包括：审查企业会计报表，出具审计报告；验证企业资本，出具验资报告；办理企业合并、分立、清算事宜中的审计业务，出具有关报告；基本建设年度财务决算审计；代理记账；会计咨询；税务咨询；管理咨询；会计培训；法律和法规规定的其他业务。

5. 行业发展现状

我国注册会计师行业在近二十多年时间内取得了巨大的发展，会计师事务所的规模和总体竞争力有了很大提高。

根据中国注册会计师协会的统计，截至2016年6月30日，全行业共有会计师事务所8411家。其中，有40家证券期货资格会计师事务所，获准从事H股企业审计业务的内地大型会计师事务所11家。目前，全国具有注册会计师资质的人员超过25万人，全行业从业人员超过30万人。注册会计师行业服务于包括2800余家上市公司在内的420万家以上企业、行政事业单位。2015年度全行业业务收入超过680亿元。

3.1.2.3 税务师事务所

税务师事务所是专职从事税务代理工作的机构，主要从事涉税服务和涉税鉴证业务。它可以是由注册税务师合伙设立的组织，也可以是由一定数量的注册税务师发起成立的负有限责任的税务师事务所。税务师事务所是实行独立核算、自负盈亏的经济实体，其收入要依法纳税。

注册税务师可以提供代办税务登记、纳税和退税、减免税申报、建账记账，增值税一般纳税人资格认定申请，利用主机共享服务系统为增值税一般纳税人代开增值税专用发票，代为制作涉税文书，以及开展税务咨询（顾问）、税收筹划、涉税培训等涉税服务业务。

3.1.2.4 财务咨询公司

财务咨询公司是指具有财务与会计及相关专业知识的自然人或法人控股的咨询公司，接受委托向委托人提供业务解答、筹划及指导等服务。财务咨询的涵义应当是十分宽泛的，无论是接受委托提供专业服务的财务咨询，还是从属于全面管理提供咨询服务的附属性财务咨询，都应是不可或缺的。因此，可以将财务咨询公司大体定义为：为服务对象提供有关资产管理、财务顾问、证券投资等财务方面业务的管理咨询公司。

1. 财务咨询公司的业务范围

财务咨询公司的业务范围非常广泛，咨询业务既包括实物性资产咨询、证券性资产咨询，又包括财务主体筹资、投资及日常管理等业务咨询。具体地，在国外，财务咨询业务通常包括财务估价、经营资金与流动资金管理、兼并与收购、投资项目分析、会计制度设计、预算控制、外汇管理等；在我国，财务咨询公司业务通常包括设计企业内部控制制度、设计会计电算化实施战略、财务分析、代拟经济文书、培训财务会计人员、代理记账、税务代理服务、个人理财帮助、资产评估、投资咨询服务等。

2. 财务咨询公司的主要服务内容

（1）提升管理能力。为企业财务管理优化和人员能力提升提供包括架构重组、流程梳理、战略承接、发展规划、制度设计、人员专项培训在内的系统解决方案。

（2）诊断分析及实施解决方案。就企业财务战略、组织架构、预算管理、营运资金、内部控制、成本管理、信用管理等多个方面的流程与方法提供系统的诊断，出具诊断报告，提供切实可行的解决方案并辅导实施，最终帮助企业实现能力的全面提升。

（3）税务咨询服务。包括帮助企业进行税务优化、重大涉税事项的专业支持、税收优惠的协助申请以及常年的企业税务顾问服务。

（4）专业报告支持。收集企业当期内外部经营与管理信息，协助企业出具《内部控制评价报告》《财务分析模型及报告》等专业报告,为经营管理提供全面建议。

(5)高管财务教练。为企业高级管理者提供基于个人职责和能力特点的教练服务,通过深入了解、长期跟踪与定期交流,制订并实施能力提升计划,补强个人能力短板。

(6)临时财务总监。帮助企业度过财务总监交接真空期,就此期间财务管理相关事务提供相应的专业指导。

(7)常年顾问服务。为签约的长期客户提供全面的专业支持,包括复杂业务的处理指导、为重大经营决策提供建议以及伴随着企业发展和环境变化出现的其他财务管理问题咨询。

3.2 财务外包模式及其发展趋势

3.2.1 财务外包模式

随着世界经济的不断发展和社会分工的逐步细化,企业服务外包业务应运而生。而其中的软件外包和财务外包迅速崛起,成为企业服务外包的重要组成部分。财务外包作为一种新型财务管理模式,指企业将非核心业务的简单财务处理或者某些财务事项交给外部专业化公司办理,从而达到节省成本和提高专业化程度、集中优势提高企业经济效益的目的。

外包的深度是与业务标准化程度的高低密切相关的。对于发包方而言,标准化程度越高,对业务流程的外包就会有更好的控制,就能够将更高层次的业务外包;作为承包方,对外包业务流程的理解越深,可以承担外包业务的复杂程度越高,就能越往企业价值链的上游靠拢。在财务外包业务中,最低层次的业务外包也许仅仅涉及凭证、文件的整理分析,对财务没有什么了解的机构和个人也可以胜任;但要形成一个会计外包系统,就需要一个人力密集和计算机密集的处理过程;再往上一层次发展,服务提供商要对财务数据进行分析,就需要对财务知识的深入理解和融会贯通,并能与企业进行充分的沟通,才能为企业的财务决策提供财务依据。而企业财务外包模式的选择与发展是以一定的财务流程为基础的,要了解企业的财务外包模式,首先应该了解企业的财务流程。

3.2.1.1 财务流程

财务流程是伴随着企业业务流程同步进行的。企业为了持续经营,要求物质流动与现金流相互配合,并且企业能够对物质流动和现金流动进行监督、管理和控制,信息流必须与物流、现金流保持高度一致。企业的财务管理活动很大程度上是对资金的管理。企业资金的使用过程以及资金投入前的筹资活动、资金退出后的分配活动,共同构成了企业整体资金活动内容。企业内部资金的周转流程如图3-1所示。

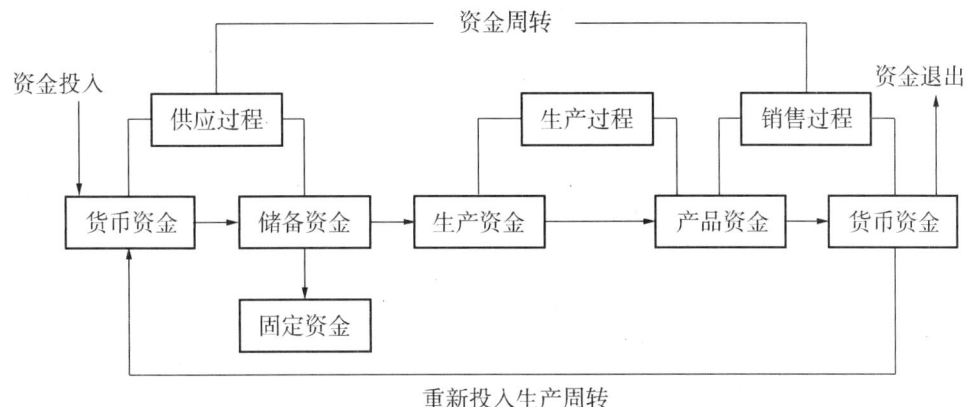

图 3-1 企业内部资金的周转流程

财务工作从具体内容来看，最基本的业务首先是日常大量重复的账务记录工作。此部分对于整个财务职能来说，属于不具备创造性、决定性的基础工作；其次是与各生产阶段相关的财务职能工作，如现金管理、应收与应付款项管理、固定资产管理等，管理者需要在工作中进行相应的管理决策。财务工作最核心的层次是与企业战略发展密切相关的业务，该方面财务管理的内容为企业战略发展提供管理决策支持，例如，企业的行业发展战略，新项目、新市场的拓展，企业形象的提升，等等，这些活动都离不开资金的支持。只有具有一定知识和经验的人才，才能帮助企业制定关于资金筹集、使用及回报的相关策略。

全球化竞争日益激烈，企业的经营环境变化，新的组织机构和需求不断产生，知识经济迅速发展以及信息技术不断进步等因素，对企业业务流程会产生很大的影响，财务工作的内容继而变化，将逐渐由交易处理、募集资本、优化税务状况并准备税务申报表、成本管理、实时会计控制、预算制定及进行内部审计、财务状况报告和监督等重点内容向战略性功能转化。

3.2.1.2 财务外包业务层次的划分

企业在财务方面的业务可以通过四层金字塔结构来进行描述，如图 3-2 所示。处于金字塔底层的是与操作性相关联的交易处理会计，包括财务报告、存货会计、银行对账、现金会计等。处于第二层的是与管理和成本相关的会计，这一层对专业知识有一定的要求，包括管理报告、业绩评价、成本会计等。第三层是对财务进行管理，以及制定相关的政策，包括选择合适的会计政策，对资金进行管理以及相应的税收策划等。第四层是对企业的战略决策提供一定的支持服务。前两层占据着会计工作总量的八成左右，在金字塔中，第一层的业务完全可以实现外包，而第四层以及第二层中关于管理报告、业绩评价等方面都应该由企业自己内部处理，因为这些业务都与企业的核心技术以及核心经营有关。

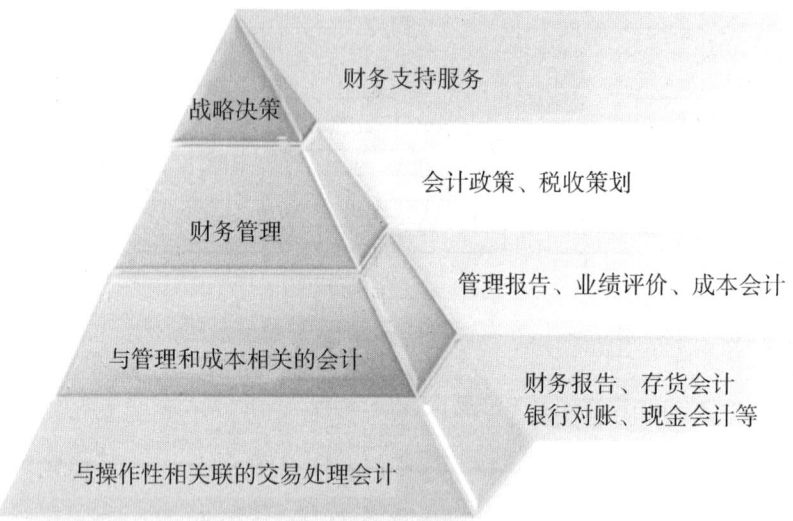

图3-2 财务外包业务层次的划分

在我国，财务与会计外包还处于起步阶段，大多数企业在这一领域还没有经验。由于财务对于企业而言非常重要，企业在进行财务与会计外包的模式选择方面应该小心谨慎，避免因为考虑不全而带来严重后果。参照国外企业财务与会计外包的成功案例，联系国内企业的经营实际情况，我国企业在财务与会计外包方面还应该分步进行。

第一阶段，企业可以将内部较为简单、没有风险或风险很小的财务会计业务进行外包。这样既能够检验外包是否对企业有益，也能够与合作商进行尝试性合作。而承包商处理这些业务非常简单，不需要企业提供更多的信息。而且，企业内部处理时也并不会给企业带来竞争力的提升。对于大型企业，由于结构复杂管理困难，可为将要外包的业务建立相应的平台，一旦外包时机成熟，则全部外包出去。

第二阶段，以第一个阶段取得预期结果为前提，企业在之前的合作基础上获得理想的结果，就可以将自己企业的更多业务转交给承包商，进而能够有更多精力投入到主营业务中。在这个阶段，企业要明确能够外包的业务，同时对于外包出去的业务，还与企业有衔接点的一定要分清。对于一些没有进行标准化的业务，企业要在最大程度上对其实现标准化；同时，对于无法进行标准化的业务，企业必须留在内部进行处理。事实上，第一层中的所有财务与会计业务都能够实行外包，但是考虑到在这方面缺少经验，同时对于承包商不太熟悉，还是以分步进行为宜。

第三阶段，企业可以将第二层中的内部审计、成本会计以及本层次中对数据进行分析、对信用进行控制的业务全部外包。美国SYBASE公司在进行软件开发及公司拓展的过程中，曾聘请专业人才帮助企业建立一支专业队伍，同时还将一部分业务外包出去，通过承包商的力量为公司服务并取得成功。外包后，该公司只需支付一定的外包费用，就取得了极其明显的效果。若该公司通过自己的力量建立这个部门，将会花费数倍的时间和成本。所以，通过财务外包，实际上是利用承包商的经验提高自己在这一方面的专业水平。在这个阶段，企业还应该考虑合作外包的方式，使得与承包商合作时更加灵活，更有效果。

第四阶段，企业可以将第三层次中对企业进行财务制订的业务外包出去。这个阶段，企业与承包商能够建立起战略合作的关系，对业务中的相关流程一起进行定义，企业的管理风险共同承担。

3.2.1.3 财务外包的模式

财务外包的模式是指企业将自身的报税、财务报表的编制、往来账目的管理以及基本的审计工作等一些专业化的工作内容，通过签订合同的形式委托专业机构进行管理，并根据企业自身的实际情况向受托方提出相应的质量管理要求的一种模式。财务外包根据其外包实现形式可分为购进式财务外包（传统财务外包）和网络财务外包（现代财务外包）。

1. 购进式财务外包

在财务系统中，大量简单重复、不需要更多创造力的实务性记账工作处于底层，是普遍外包的。这是财务外包的最初级形式。企业与外包供应商的关系不紧密，它们之间的关系与传统的"买、卖"关系类似，尚未形成有效的合作伙伴关系。外包资源一般是标准化的，企业之间强调的是交易关系，外包供应商的责任只是按企业的要求完成业务工作。企业倾向于与能够满足合同要求的外包供应商发展合作关系，但价格仍是企业选择合作关系时关注的主要问题。在这一阶段，双方签订的多为短期合同。在我国市场中，具体表现为代理记账、纳税申报、工薪核算等基础账务处理的普及。作为一种新颖的会计解决方案和新的社会性会计服务项目，购进式财务外包已经被越来越多的创业者所接受，充当着众多中小企业的会计角色。

以下以代理记账为例具体介绍购进式财务外包服务流程，如图3-3所示。

（1）约谈。了解客户的经营性质、经营规模等基本情况，同时介绍代理公司服务方向、服务目标等，针对客户情况商谈代理服务费用。

（2）签订代理协议。约定双方的责任、义务、保密措施、违约责任、费用支付等。

（3）建立客户会计政策、会计估计档案。客户档案至少包括营业执照、税务登记、组织代码证、银行开户许可等复印件以及前一个会计核算期的会计余额表、决算报表、相关纳税申报和合同协议复印件等资料。

（4）建账。根据客户提供的前一个会计核算期的会计余额表，进行电算化的余额初始化并根据客户实际情况增减会计科目，做好会计科目的平衡。

（5）取送票据。根据协议规定，定期取送客户财务票据，做好衔接工作。

（6）审核、整理原始凭证。包括审核原始凭证的合理性、合法性、合规性，并进行整理粘贴。

（7）制作、装订记账凭证。

（8）打印或记录会计账簿。

（9）出具会计报表。

（10）纳税申报。

（11）缴纳税款。

（12）凭证装订。

(13)定期归还客户财务资料。按照协议规定，定期归还财务资料，履行必要手续。

(14)客户信息反馈等流程。与客户进行信息交流，了解客户对于账务的满意度及最新的政策、通知。

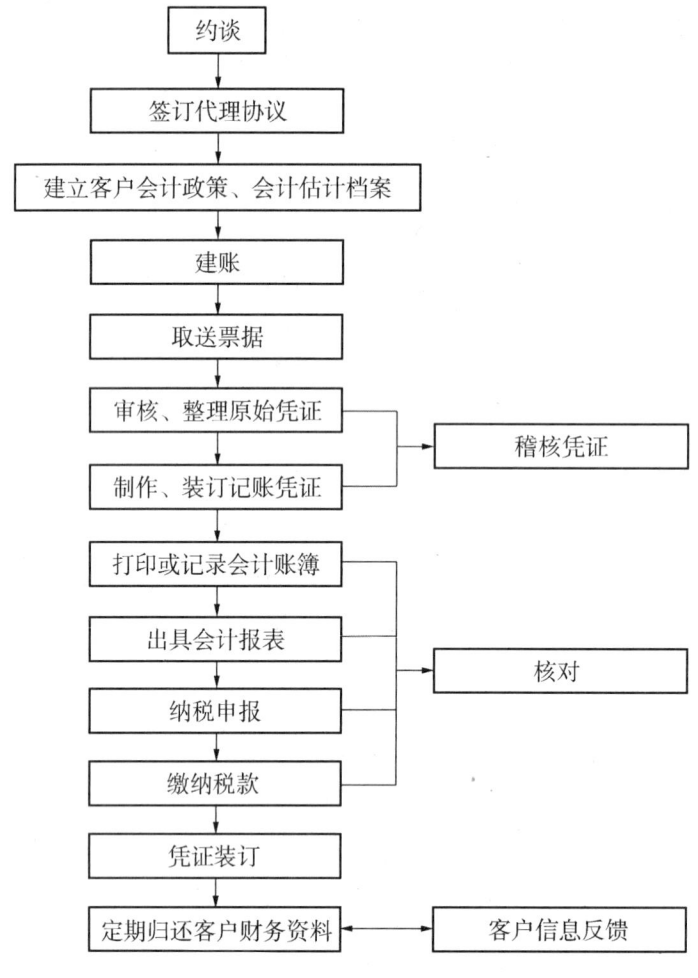

图 3-3　代理记账流程图

2. 网络财务软件

网络财务是财务管理外包的一种重要形式。网络财务软件是基于网络计算技术，以整合实现电子商务为目标，能够提供互联网环境下财务管理模式、财会工作方式及其各项功能的财务管理软件系统。企业通过 ASP 或其他服务提供商平台，购买财务软件服务。ASP 通常是一些第三方的服务公司，他们在远程的主机上部署、治理、维护应用程序，然后通过广域网络，向远端的客户提供软件的计算能力。ASP 的客户没有自己的硬件和软件系统，租用 ASP 的，作为用户，他们只需提供自己的业务数据，就可以得到相应的结果和报表。

ASP 通过实施一个远程的、集中管理的应用程序租用服务，在客户和独立软件商之间扮演了一个中间人的角色。在这种关系中，强调的是应用程序的应用而不是所有权。

客户不再拥有一个应用程序，也不需要负责对程序的内外部维护。在ASP模式下，客户在签订合同后，就可以通过浏览器连接到位于远端的、集中式服务器上的应用程序，然后在本地处理应用程序计算产生的结果。在通常情况下，一个纯粹的ASP与某一个独立软件商结盟，进行软件的初始化安装和集成，控制数据中心的管理并且提供不间断的连接和支持。在这种模式下，ASP完全像一个端到端的服务提供者一样，管理与客户的关系。

ASP的实施带来了以下便利：①加速应用软件的实施。根据调查显示，传统方式下，ERP软件的平均实施时间都在12个月以上。而在ASP模式下，实施时间是以天或者周来计算的。②快速跟上技术的发展变化。在企业中，软件一旦选择，其更新成本是非常可观的，而且对于新软件的应用也可能会影响企业正常业务的运行。而ASP的概念有效地化解了这些内部的不确定因素，因为ASP已经承担了应用程序的相关责任和费用。③获得技术专家的建议。在当前阶段，很多企业都将自己的业务集中在某一特定的市场、行业或者应用程序类型上。这样，对于那些要寻求指定帮助的公司而言，ASP的这种专注研究无疑是非常有价值的。④转移应用程序的拥有风险。企业对于某个应用软件的应用要考虑到多方的反应和接受程度，而这种过分的关心，经常会影响到企业对下一个关键应用的实施决策。⑤将总拥有成本（TCO）最小化。ASP通过减少企业应用IT环境的复杂性，从而每年可以节省30%～50%的TCO。⑥增强现金流的可预见性。ASP的概念有效地消除了传统软件实施中存在的不确定性，因此可以大大增加现金流的可预见程度。⑦更加关注于自己的核心竞争力以及战略目标。ASP将业务软件环境的实施和管理都交给第三方，使企业可以更加关注于发展自己的核心竞争力。⑧在全球化基础上提升协作能力。ASP可以用最先进的技术装备一个公司，使它能够进行内部或者外部的全球化协作。

网络财务拓展了财务管理的空间，实现了远程处理和集中式管理，使会计核算从事后到适时，财务管理从静态走向动态，实现了在线管理。网络财务改变了中国财务软件与服务的市场格局，促进了中国企业的电子商务进程。

3.2.1.4 财务外包的职能范围

按纳入财务外包的职能范围大小来分类，可以将财务外包分为选择性财务外包与整体性财务外包。

1. 选择性财务外包

选择性财务外包是指对几个有选择的财务职能的外包，外包数量少于整体的80%。根据企业资金流程及财务职能划分来看，企业可以将企业内财务流程分段外包。在这一层次上，服务提供商所做的工作也是有规可循的标准化的工作。企业管理者从成本效益及战略管理分析的角度看待外包，将其作为企业获得更多盈利及进行战略管理的组成部分。外包以提升企业核心竞争力、降低非核心业务的维持成本为目的。在这个阶段，企业与外包供应商之间信任程度增加，双方合作的态度比较积极，双方都希望可以从对方那里得到更多的有价值信息，以便更好地开展工作。合作双方愿意共同面对并解决困难。

2. 整体性财务外包

整体性财务外包是指将财务职能的80%或更多外包给外包供应商。在整体性财务外包中，企业并不将财务职能的全部职责都外包给外包供应商，企业会保留一部分管理者以满足财务职能战略管理需要，并负责管理与外包供应商不断发展的外包关系，监督和审定外包供应商的技术决策，培养外包经验，并协助制定将来的外包决策，洽谈和履行以后的外包合同，等等。财务管理职能的长期有效性取决于该职能与公司战略的一致性。公司战略随企业环境的变化而变化，财务管理职能也必须对此做出相应的变化，使其服务与变化中的公司战略保持一致。这种一致性的职能也应由企业内部人员来完成。

3.2.2 财务外包模式的演进过程与发展趋势

3.2.2.1 财务外包模式的演进过程

财务外包是来自欧美成熟市场的商业财务管理模式，这种专业服务已在中国快速成长，如今已不仅是外资企业在广泛采用，不少国内企业也开始青睐这种财务服务外包。外包形成与演进过程主要呈现为以下几个阶段。

第一，形成需求拉动的外包雏形。例如，财务系统中基础工作的购进式外包。

第二，基于成本效率这一决策影响因素的外包。目前国内众多企业的外包形式都属于此类。企业对资源外包的决策比较简单，即降低成本，增大利润，因此决策多以效率为指导，以成本比较为工具。

第三，基于企业核心能力的资源外包。此时外包决策与企业核心能力相关，企业采取外包决策的目的是更有效地提升和培育核心能力，短期的利益（成本节约）已让位于持久的竞争优势（核心能力）。当社会仍未发展到高度统一化时，这种基于核心能力的现代外包形式仍会持续出现。

第四，社会经济高度发展时，企业财务管理职能将向社会产业化进程发展。

3.2.2.2 财务外包模式的发展趋势

中国财务外包市场虽然仍处于起始阶段，但伴随着全球经济一体化，国内行业与财务外包相结合的形式将不断完善，这也是未来企业财务管理发展的必然趋势。

1. 财务外包动因改变

由于全球网络时代的到来，企业中一些非核心的财务工作能够很好地进行外包，从而使得企业中从事会计事务的人员能够更好地投入到企业的核心业务之中。企业中财务部门的CFO与CEO是合作伙伴的关系，只有从日常复杂的事务中摆脱出来，才能够站在高层管理者的角度审视企业，从而帮助管理层做出更好的战略决策。

大多数公司进行财务外包的主要目的在于为公司的经营节约成本。但是，越来越多的有战略计划的公司不再以此作为唯一目标。进行财务外包使得公司可以对内部的管理和资源进行整合，提高核心竞争力。良好的管理者已经不再仅仅以降低成本为目的来进行外包，而是将外包作为企业能够获得新的竞争力的战略手段。企业由于进行了财务外包，可以获得更多的时间与资金提升竞争力，改变其在市场中的地位。

企业实行外包的原因正在从降低成本向提升核心竞争力方面转变。企业将业务进行外包的原因不再仅仅是降低成本，而是为了提高核心竞争力。正是由于这种原因的存在，企业不断将自己的非核心业务进行外包，转而更加集中精力地经营自己的核心业务，以保证在激烈的竞争中获得绝对的优势。

2. 财务外包范围扩大

如今，很多企业已经将交易性质的业务进行外包，而将那些具有决策和分析性质的业务仍旧放在企业内部处理。按照以往经验，不论何种业务，在企业经营的过程中都有可能发生变化，所以，财务外包也会发生一些业务方面的变化。如今的外包也不再仅仅是简单地处理日常业务，而是已经从工资发放、应收应付账款等一些简单的业务发展为包括对公司的计划进行预测或者提供相应决策的阶段。

3. 财务外包模式变化

如今，企业与外包供应商之间不再仅仅是传统外包关系，而且还有合作性的外包模式。传统性的外包服务就是企业通过将一些日常简单的业务通过合同形式外包给外包供应商，其目的就是为了减少公司经营成本，不会将资产转移和人员管理的服务交给外包供应商。但是，合作性外包方式就是指企业与外包供应商之间的关系是灵活性和合作性的，有了这层关系的存在，外包供应商就能够为企业提供更多的服务。而企业会有专人与外包供应商合作，对这些业务进行协定。目前，虽然大多数财务外包的公司依旧是以传统的方式存在，但是已有一部分企业与外包供应商之间建立起了合作关系。随着外包模式的发展，还可能出现业务转型外包。这种模式是以企业与承包商之间已经具备了合作性外包为基础，企业与承包商之间建立起了合作的关系，通过合作的基础对业务进行转变。有可能两家公司一起商讨外包流程，也有可能两家公司以合资的名义对员工和资产进行管理，一起为公司创造新的业绩。国际大型的外包供应商在为企业提供外包服务的同时，还能够为企业提供信息平台。通过网络平台的建立，企业能够了解到更多的商家。外包供应商除了财务服务之外，还能够提供更多的服务，涉及更多行业及领域。

4. 财务外包供应商市场竞争日益激烈

财务外包供应商之间也存在着非常激烈的竞争。由于竞争者太多，利润不断下降，这样财务外包供应商就会对自己的市场进行再次定位，有些只专项提供专业性的服务。在提供专业化服务方面，最为成功的就是 Arthur Andersen 公司，该公司将自己的客户锁定在 100 强的企业中，而且只提供有关职工优先认股权、伤残保险、人寿保险、退休金、养老计划等服务。

财务外包供应商希望能够提供的服务更加广泛，更加深入。在服务的范围上，外包供应商不再只是提供单个外包服务，它们期望能够提供更多系列化的服务，也就是按照业务流程来提供服务。在提供服务的深度方面，外包供应商也不再只是提供简单的外围和支持服务，而是希望能够为企业提供核心服务，比如开发专业软件、设计专用软件等等，以此来使得自己的业绩快速增长。另外，就提供服务的范围而言，外包供应商也不再满足于国内市场，而希望将自己的服务扩展到全球，为其他国家的企业提供服务。在服务模式方面，向分享服务中心发展。分享服务中心是指外包供应商通过自己的高新技术以及专业设备为多个客户提供特定行业的外包服务，其目的是为了能够解决企业对专业服务的需求。由于经济的不断发展，出于各种因素考虑，外包供应商很可能也会组建联合，一起合作，为客户提供外包服务。

本章小结

（1）财务外包市场主体包括财务外包的发包方与接包方。财务外包的发包方主要为新建企业、业务较少的企业、具有季节性的企业以及分支庞大的企业。财务外包的接包方是专业的财务服务提供商，如商业银行、会计师事务所、税务师事务所、财务咨询公司等。

（2）财务外包模式包括购进式外包（传统财务外包）和网络财务外包（现代财务外包）两类。

（3）传统购进式财务外包是将整个财务管理活动根据企业的需要分解成若干模块，如总账核算、往来账款管理、工资核算、固定资产管理、报表系统、纳税申报等模块，将这些模块中企业不擅长管理或不具有比较优势的部分外包给那些在该方面居于行业领先水准的专业机构处理。

（4）现代网络财务外包是利用提供财务应用服务的网络公司（如 ASP，即应用服务提供商）搭建的网络财务应用平台，通过合同或协议的形式，企业将全部或部分财务系统业务外包给服务提供商，由服务提供商通过互联网上的专营网站替代企业执行财务操作流程及财务信息的生成职能，而分析、决策的职能仍由本企业高层财务管理人员执行，同时服务提供商保证财务信息质量并给予必要的咨询和指导的一种财务外包方式。

4 财务会计外包

【学习目标】

1. 了解代理记账的概念、原则、行业特点、机构类型和适用范围;
2. 熟悉代理记账的收益与风险;
3. 了解税务代理的概念、作用和基本内容;
4. 熟悉税务代理的法律责任。

【案例引导】

英国石油勘测公司的财务外包

英国石油勘测有限公司是英国石油公司(BP)下属的一家公司,主要负责勘测、生产石油和天然气。这家公司为了削减成本,获得更加灵活、质量更高的资源,决定将部分财务职能外包。

选择性外包是一项庞大的任务,在最初阶段,虽然英国石油勘测有限公司满足于几项承包,降低了固定成本,提高了服务质量,但是从全局来看并非如此。合同没有激励承包商与英国石油勘测公司的合作,他们仅仅将各自承包的那一部分管理好,而将管理的衔接问题甩给了英国石油勘测公司。1989年,英国石油公司7个信息技术部门合并为一个全球性信息技术部门,并实行集中的财务控制,然后着手将公司内部的系统标准化。在其后的两年中,公司保留了两个数据中心,将其余的全部关闭。通过合并应用系统和数据中心,公司将员工数目减少了一半,并由此降低了25%以上的成本。英国石油勘测公司最终接受的方案是外包给三家公司,以显示出他们的互补优势。这三家公司同意向英国石油勘测有限公司所有的营业机构提供联合服务,还同意按照英国石油勘测有限公司的不同需求调整服务。英国石油勘测有限公司共有8个营业部,对任何一个营业部的业务,这三家公司有一家作为主承包商,并与其余两家同盟提供的服务进行协调,此为一体化服务。三家外包供应商的账目对英国石油勘测有限公司是公开的,以季度发票或者年度发票的形式把费用逐条列明,将要求英国石油勘测有限公司支付的直接管理费、分配管理费和共同管理费明确分开。

英国石油勘测有限公司努力缩短外包合同的年限,不与外包供应商签订长达10年的合同。1993年2月,分别与Sema和SAIC签了一个5年的框架协议,与Syncordia签了一个2年的合同。以后随业务进展续签。公司最终将财务部门的员工减至150人,他们集中精力为公司创造真正的价值,如直接与管理者一起工作,向他们提供建议,推荐一些能改进业务流程的技术,以此削减成本。通过外包,英国石油勘测有限公司的成本从1989年的3.6亿美元下降到1994年的1.3亿美元；同时更专注于公司的核心业务，从寻找和生产石油中获利。而承包商也获得巨大收益。比如，将某项服务的运转费降至英国石油公司目标以下的承包商，可以将所节约费用的50%留给自己。同时，这三家公司都赢得了很好的声誉。

英国企业进行财务外包的主要目的是节约成本和专注于核心业务。财务外包具有理论上的优越性，但是一些存在的问题不容忽视。不少外包业务中途流产，导致经济损失，甚至企业破产。总结其失败的教训，外包企业在财务外包之初没有进行决策评估，或者外包边界不清，承包商就承接了外包业务。此外，外包还面临重要的人力资源风险，例如，外包企业原有财务人员担忧工作的稳定性，从而影响企业效率。

外包需求是外包企业最重要的指南。在外包企业内部要建立一个跨部门的外包事务工作组。工作组每位成员都有不同的职责，分别来自人力资源、财务、信息技术及安全等部门。每位成员被授予适当的决策权，这样可以对财务外包进行有效的监督，同时防止信息泄露的风险。这些都应拟入外包合同条款中。

在外包准备阶段的工作完成之后，外包企业可以通过网络、商会和同行推荐寻找潜在外包服务提供商，经过层层筛选后，向部分潜在服务提供商发出外包需求信息请求（request for information，RFI）。如果RFI不理想，则可实行邀请投标方式（invitation to tender，ITT）。最适合财务外包的外包供应商进入入选名单后，外包供应商应对外包企业的条件和方案作出回应。确定合适的承包商后，征求法律专家确认并签署外包合同。在合同中需注明，如果承包商进行再次分包此项业务，则必须向外包企业发出通知，外包企业则保留拒绝分包的权利。

（资料来源：财会论文网）

4.1 财务会计外包概述

4.1.1 财务会计外包的含义

财务会计外包指的是企业将财务管理事项和会计业务流程的部分或全部委托专业的财务会计服务提供商代为设计、管理、执行的管理模式。

财务会计外包发展到现在，主要包含两个概念，即传统的财务会计外包和现代网络财务会计外包。传统财务外包主要是将整个财务管理活动根据企业的需要分解成若干模块，如总账核算、往来账款管理、工资核算、固定资产管理、报表系统、纳税申报等模块，企业将这些模块中不擅长管理或不具有比较优势的部分筛选出来，外包给那些在该方面居于行业领先水准的专业机构处理。例如，将总账核算、纳税申报模块外包给会计师事务所，将资金管理模块外包给银行等金融机构，将应收账款模块外包给收账公司等，而财务投融资决策等核心职能还保留在企业内部。

现代网络财务外包属于业务流程外包，是企业通过利用网络财务应用平台（这往往是由财务应用服务的网络公司来搭建的），签署合同或协议，将部分或全部财务业务外包给服务提供商，服务提供商来代为执行财务操作流程并且生成相关的财务信息，而分析决策的职能仍保留在企业内部，由企业高层财务管理人员执行。这种外包形式需要服务提供商保证财务信息质量，并给予企业必要的指导和咨询。现代网络财务外包是一种高级形式的财务外包，由信息网络技术发展普及而来，各项外包财务职能可以通过网络技术平台形成有机关联。在这种模式下，企业不拥有一个应用程序，也不需维护这个程序，只需通过浏览器，连接到远程服务器上的应用程序，再在本地处理结果即可。现代网络财务外包还可以帮助企业实现整个财务职能的外包，具有极高的效率。

4.1.2 财务会计外包的内容

我国处于高度发展的市场经济时代，但目前开展财务外包业务的企业数量相对较少，且大多是外资机构的代表处或合资企业。与国外欣欣向荣的财务外包事业相比，我国的财务外包市场还处于起步阶段。

随着全球经济的一体化、国内行业的整合和财务专业化市场经济的发展，财务外包也将成为我国企业未来的发展趋势。尤其是近些年，财务管理职能特别是决策支持职能在企业各项管理职能中越来越重要，财务操作流程也随之越来越精细，这极大地丰富了财务外包的内容。中国企业在财务外包市场发展的初期，可以将一些相对较为独立的财务操作流程外包给外部的专业机构。目前我国企业财务会计外包有以下主要内容。

4.1.2.1 建账建制、代理记账

建账建制、代理记账是税务中介、会计中介机构的一项业务，其主要的服务对象是财务核算制度不够健全、缺少合格会计人员的集体、私营中小企业，以及数量庞大的个体工商户。具体包括代理个体工商户建账建制会计制度、代理个体工商户建账建制财务制度等内容。

根据国务院批转的国家税务总局《关于加强个体私营经济税收征管 强化查账征收工作的意见》的要求，个体私营业用户可以自行建账，也可以聘请社会中介机构代理建账。在个体私营业户中全面实行建账，采取查账征收的方法涉及面广、综合性强，单凭税务机关独立运作难以实现有效的控管，特别是大多数个体私营业户存在着从业人员素质普遍偏低、财务人员短缺、自行建账困难的情况，由税务代理等社会中介机构介入这项工作是十分必要的。

4.1.2.2 税务外包

税务外包是企业在资源有限的条件下，将税务管理过程中的税务核算、纳税申报、税务风险评估等部分或全部事项（流程）从企业的日常管理中分离出来，由外部税务服务提供商按约定提供特定的税务服务。

国内企业在税务方面对于政府有着很强的依赖性。国内的税务制度相对复杂，对于合规性要求也很高，一旦违规，将要支付很高的成本，企业很难在内部找到一个精通税务的员工，因此国内的企业税务外包需求很大。国外的企业在进行相应的经济交易之前，都以税务优先，需要咨询相关的税务顾问，还需要聘请税务顾问对企业自身的财务进行健康检查来降低企业的成本。

税务外包对企业降低管理成本、优化资源配置、规范会计核算、提高税务信息的准确性、控制税务风险、加强税企沟通以及合法节税等方面都起到了一定的积极作用。但是，由于市场的不确定性和税务外包本身的复杂性，企业在实施税务外包后，还应该注意税务外包的次生问题，以更好地发挥税务外包优势，真正实现企业价值提升。例如，不能对税务服务提供商过度依赖，在服务价格、服务质量等方面受制于服务提供商，否则不利于企业的长远发展。在税务外包后，企业仍然需要指定核心管理人员参与或跟踪日常税务管理的全过程，逐步掌握税务专业技能，培养自身税务管理能力，以提高企业应变能力和核心管理能力。借助税务服务提供商，查找企业经营活动及其业务流程中的税务风险，制订覆盖各个环节的全流程控制措施，全面控制税务风险。在实施税务外包策略时，不能过分强调短期收益，要从长远的角度考虑外包成本、服务质量以及企业自身的财务和税务管理能力。在税务外包实践中，应着重于税务服务提供商的服务质量以及考核税务外包后对企业税务管理的改善，注重分析税务外包之后企业在生产经营管理上的变化、企业税务风险是否降低、企业的核心竞争力是否得到提升等。只有放眼于企业的长远利益，才能准确考量税务外包的功效，从而发挥税务外包的作用。

4.1.2.3 薪酬外包

随着市场薪酬水平的变化和企业经营状况的变化，薪酬管理工作日益复杂，薪酬结构及水平随着市场及企业业务的变化而调整，而且薪酬发放工作中大规模数据处理、跨地区工资发放、外籍员工工资发放等日益困扰企业人力资源管理人员。目前企业在薪酬管理方面存在的问题与困扰主要有：

（1）薪酬结构及水平如何设计、调整的问题。包括企业职位系统、绩效系统、能力评价系统(3Ps)，市场水平、企业预算等多种条件下如何确定薪酬结构与水平。

（2）大规模数据处理问题。包括考勤资料统计、薪酬成本计算、奖金计算、薪酬总额核算、纳税申报等。

（3）跨地区薪酬管理问题。包括不同地区物价水平的差距、社保、税收政策的差异及经常性的调整等。

此外，用于支持这些方案的管理系统日趋强大和繁琐，其维护成本也日趋昂贵。因此，一些企业的人力资源部门开始与第三方服务机构签约，寻求薪酬外包管理。

薪酬外包是指企业与其外部服务承办机构之间建立合作伙伴关系，由外部专家负责该企业薪酬部门的日常管理工作。通常，外包管理的工作类型包括职位评估、市场数据管理（进行调查、市场定价工作）、协助进行工资规划（结构调整及奖励预算提案）以及进行汇报。

薪酬外包是目前国外最受欢迎的财务外包形式，在美国有五分之一的企业把员工的工资、福利待遇等外包。薪酬体系以岗位性质和工作特点为依据，公司对不同类别的岗位人员实行不同的工资系统，构成公司的薪酬体系，包括年薪制、结构工资制、工资特区及临时性员工工资制。而薪酬外包就是以这些原则为基础，把薪酬管理的功能外包出去，交给专业的公司和平台负责，而企业可以节省时间和金钱来专注自己核心业务的拓展。

薪酬外包服务公司通常可以根据客户需求进行客户化定制。例如，根据企业的经营战略及业务特点确定薪酬结构及水平；能严格按约定时间支付员工工资，如果违约，则按约定承担延迟支付的相应责任；在薪酬计算上严格执行企业制定的人员工资标准及其他约定条件，如果计算出现错误，也需按约定承担相应责任。此外，外包服务公司还可以根据客户企业文化特点及要求，设计人性化的工资支付载体，提供人性化的服务。

企业将薪酬外包出去，虽然需要支付一定的服务费用，但却可以给企业带来更大的利益。这些利益主要体现在以下几方面：①从日常琐事中解脱出来。公司人力资源管理人员从公司薪酬管理统包统揽到部分事务外包，有利于从日常琐事中解脱出来，从事更有价值的工作。②保证公司薪酬机密。薪酬机密数据交由第三方（非利害关系方）公正执行，有助于消除公司薪酬机密信息泄露给内部员工造成的影响。③转移操作失败风险。薪酬管理中操作失败风险（如计算及发放差错、遗漏等）转由第三方承担。④引进"外脑"的智慧。从薪酬体系自我设计到薪酬设计外包，可充分利用外部咨询顾问的专业技术优势。

薪酬外包服务通常包括以下具体内容：用人单位办理好相关劳动合同的签订手续后，方可办理代发工资业务。由外包服务公司联系银行等金融机构，并由银行统一制作工资卡和存折，工资采取转账存入个人银行卡方式支付。代理业务中工资奖惩决定权由用人单位掌握，按劳动合同规定，结合用人单位考核办法，确定工资应发数。代发工资业务原则上每月代发一次，除工资、薪金以外，奖金、年终加薪、劳动分红、津贴补贴均确定为工资薪酬范畴。

薪酬外包管理是一种重要工具，但并非所有企业都适合采取这一举措。一般来说，比较适合应用薪酬外包管理的公司应当具有以下特征：大量的管理活动，通常与市场数据息息相关；承诺妥善地管理薪酬计划；期望节省管理工作所耗费的时间，以便投入更多的时间来进行与薪酬设计相关的经营问题；尝试和体验过外包管理其他人力资源工作。

4.1.2.4 财务报告外包

我国的企业在经营管理过程中需要受到许多主管部门或市场监管部门的监督。监督的主要形式是对财务报告进行审查，而且企业还要将财务报告提供给各种类型的利益关系人。财务报告是否满足各主体的要求，是否符合会计制度和准则的规定，对企业的发展至关重要。因此，企业可以选择专业服务机构来编制财务报告。

4.1.2.5 差旅费和招待费等费用外包

对于企业而言，差旅费和招待费不是小问题，往往占了费用的相当大比例。而且，这两种费用的控制比较复杂和繁琐，容易违规违纪。要想管理好，需要大量的专业人员和十分具体、详细的制度。例如，什么级别的员工出差住什么标准的房间、乘坐什么类别的交通工具，什么级别的员工有多少招待费及授权，等等，这些制度均需要详细规定并定期监督检查执行情况，给企业管理带来很大的内耗。因此，将差旅费和招待费外包给专业的服务提供商，可以及时反馈费用支出信息，帮助企业监控费用预算执行情况，外部监管部门也比较能够认可支出的合法合规性。而且，这些服务提供商往往与酒店和交通部门采取业务协作的方式，还可以取得较好的价格折扣，降低差旅费和招待费支出。

4.1.2.6 应收账款管理外包

应收账款对企业特别是商业流通性企业的财务管理十分重要,如果因管理不善而出现大量拖欠,会给企业造成资金紧张、坏账损失等不良后果,严重的甚至会动摇公司的财务基础。应收账款核算、分析及管理需要耗费大量的时间和人力,而且需要较高的专业化管理水平。所以,应收账款管理外包可以解决公司自身管理能力不足的问题,提高资金运转效率,具有较大的市场前景。

目前,许多应收账款管理外包服务公司通过网络平台系统对接的服务模式,以较为先进的技术手段,为企业打造量身定制的专业化服务,并为企业提供应收账款风险预警监控、发票(账单)追踪、支付电话提醒、信函提醒、核(销)账等专业化外包服务。有些服务公司则通过专业顾问外派企业驻场的服务模式,为企业提供优化(再造)管理流程,以企业专业化部门的形式直接协助企业进行大规模账款回收、应收账款质量分析等专业化服务。

4.2 代理记账

代理记账是广义财务会计外包的初级形式,也是目前我国中小企业应用最为广泛的一种形式,是指企业与承包商(主要是会计师事务所)签订合同,将简单且大量重复的日常记账工作外包。在这种形式下,企业和承包商的关系并不密切,多为短期合同,而价格往往是选择承包商的最主要因素。

4.2.1 代理记账概述

4.2.1.1 代理记账的概念

代理记账行业是现代服务业的重要组成部分,是依法取得代理记账许可的机构接受各种类型的会计主体委托,为其提供以会计核算为基础核心,辅助以税务、工商、财务管理咨询及税收筹划等会计服务,为客户提供具有高附加值的会计服务产品。现代代理记账的核心更加倾向于财务外包。财务外包的委托主体内涵更为广阔,不仅包括不具备设置会计机构、配备会计人员条件的中小企业,还包括大型企业,甚至企业集团,它们将工作中的部分财务管理模块或财务分析工作(如投资分析、工资核算等)外包给专业代理机构。其出发点是希望通过将专项业务交托给专业机构的方式实现成本的节约、资源配置的优化,减少潜在服务成本,最终提升生产效率的目标。

为了适应不断发展的经济环境,开发经营市场,拓展经营范围,提高企业盈利能力,代理记账公司的经营范围早已超越了传统的定义,有了更为广泛的内涵。它为委托方提供知识密集型的服务,通过增加服务项目、拓展服务内涵为客户在财务领域提供更为全面、便捷且具更高附加值的会计服务。

4.2.1.2 代理记账的原则

1. 合法性原则

代理记账业务是一项规范的社会服务活动,不具备设置会计机构、配备会计人员条件的单位,都可以委托从事代理记账业务的机构进行代理记账。但并非一切代理记账行为都是合法的社会服务,合法的代理记账业务是由经过批准设立的代理记账机构中的业务人员来办理的,也就是说,只有在代理记账机构中工作的业务人员受委托人的委托,在委托范围内进行的代理记账业务才是合法的、受法律保护的代理记账业务。在职会计人员的兼职记账行为和退休财会人员受聘记账等,均不属于代理记账范畴。代理记账机构办理代理记账业务须经委托才能依法进行办理。当然,合法性原则也要求代理记账业务的业务人员在执行代理业务时遵循会计法律法规和会计准则、会计制度的规定,依法履行职责。

2. 客观性原则

客观性是会计核算工作和会计信息的基本质量要求,如果会计数据不能真实客观地反映委托人经济活动的实际情况,势必无法满足各有关方面了解委托人财务状况、经营成果及资金变动情况的需要,甚至导致错误的决策。客观性原则要求代理人在执行代理记账业务时,必须符合会计真实客观的要求。会计确认必须以实际经济活动为依据,会计计量、记录的对象必须是真实的经济业务,会计报告必须如实反映情况,不加任何掩饰。对委托人示意做出不当的会计处理、提供不实的会计资料,以及对其他不符合法律、法规规定的要求,应当拒绝。

3. 有偿性原则

代理记账机构是一种社会服务机构,因此和其他企业单位一样要自负盈亏,实行有偿服务,通过代理取得收入并抵补费用获得利润。代理人只有成为独立的法人实体,才能承担法律与经济责任。只有有偿服务,才能使经济责任得到履行,才能使代理关系具有坚实的基础。

4. 自愿性原则

代理记账服务的选择是建立在双方自愿的基础上的。也就是说,代理记账业务应当以代理人、委托人自愿选择和自愿委托为前提。

4.2.1.3 代理记账行业的特点

(1)代理记账行业的主体是经财政部批准设立、具有从事代理记账业务资格的中介机构。

(2)代理记账行业的内容是接受有独立核算需求的单位委托,以委托人名义办理记账、算账、报账等各种社会性会计业务。

(3)代理记账行业的对象是不具备设置会计机构或专职会计人员条件但又有独立核算需求的单位,如小、微企业或应当建账的个体工商户等。

(4)代理记账行业的性质是一种社会性会计服务活动,是现代服务业的重要组成部分,是会计工作社会化、行业细分、专业化分工的结果。

(5)从法律层面上看,代理记账行业是一种民事法律关系,通过委托合同明确和规范双方的权利、义务关系。

4.2.1.4 代理记账机构的类型

代理记账机构是经财政部批准设立、具有从事代理记账业务资格的中介机构,目前大致分为以下几种:

(1)会计师事务所。合法取得营业执照，拥有较强财税业务能力，但机构多从事验资、审计、评估等工作，较少从事代理记账工作。

(2)具有代理记账资格的代理记账公司以及其他中介机构。它们是经过财政部门审批的专门从事代理记账业务的会计服务公司。它们同样拥有专业的业务能力，然而不同于会计师事务所，它们是专职从事代理记账的公司，是委托记账的主要力量，能够合理、合法、按质量进行代理记账工作。

(3)一些未取得代理记账资格的会计人员及机构。其中一些虽然没有取得代理记账资质，却是一批拥有一定工作经验和业务知识的在职或兼职会计人员，他们凭借自身渠道取得客户们的认可与信任。而另外一些同样没有代理记账资质的会计人员，却以较低的价格或人际关系等因素来招揽客户，其代理记账工作的质量很难得到保障。这些会计人员的工作无人监督及管理，有可能在工作中出现误差和不规范等问题。

4.2.1.5 代理记账的适用范围

代理记账的适用范围，即代理记账机构的经营范围，涉及接受客户委托，为其办理下列业务：

(1)根据委托单位提供的相关原始会计凭证及其他资料，按照企业会计准则制度的规定进行会计核算，包括原始凭证的审核、记账凭证的填制、会计账簿的登记、财务会计报表的编制等。

(2)定期向税务机关申报并提供相关税务资料。

(3)定期向政府有关部门和其他会计报表使用者提供会计报表。

(4)承办委托人委托的其他相关的会计服务。

需要说明的是，一个企业建账是法律法规的强制性要求，而是否设置专职会计人员则应该根据企业自身条件和经营业务的需要自主选择；最终纳税依据是由主管税务机关核定确认的。

4.2.2 代理记账的收益与风险

4.2.2.1 代理记账的收益

(1)节约企业的财务支出。一般企业按规定至少设立专职会计人员两名，工资加上社会保险、公积金、差旅费及培训费等花销，对中小企业来说，是一笔不小的开支。而收费低廉的代理记账机构的专业人员，不仅可以完成多个企业的会计核算工作，接触各行各业的财务信息，及时地对中小企业的会计业务进行处理，而且他们熟知国家相关政策及法规，能熟练应用和操作各种系统和软件，还配备有其他业务的专家，如预测分析师、税务筹划师、资产评估师等。企业可以充分享用代理记账机构的专业公共资源，规范自身的会计核算，提高会计工作质量，可谓一举多得。

(2)有利于企业完善自己的账务系统。由于企业会计人员自身的财务知识和工作经验的限制，在遇到财税方面的疑难问题时，财务人员往往很难妥善处理，造成许多财务隐患。而请专门的代理记账人员记账就会避免出现这种情况。因为一般的代理记账人员都出自会计师事务所或专门的代理记账公司，大多是经验丰富、具有会计专业技术资格并且能熟练应用做账以及会计软件和网上报税等现代化手段的专业财务人员，所以他们对于建账、报税以及企业日常经营过程中遇到的财务问题都能够熟练控制和操作；同时，为企业建立一个完善正规的账务处理系统提供建议，防止虚假核算、人为操纵利润等违法行为，为反映单位的真实财务状况及财务成果提供了保障，有利于规范企业会计核算，提高会计工作质量。

（3）能够为企业合理规避风险，同时有利于经营者专心生产经营。如果一个小企业自行聘用一个专职会计，那么会计的自身道德修养和素质就至关重要。一些财务人员由于自身素质不高，平时做账不严谨，一旦出现重大财务漏洞就甩手走人，最终损失要由企业承担。如果聘请专业的代理记账人员来做，企业和代理记账机构签订委托合同，双方就建立了契约关系，双方责任明确。如果是代理机构的差错造成企业损失，那么将由代理机构承担赔偿责任。这样企业就无后顾之忧了，企业的经营者就可以专心于生产经营，而将财务相关风险转移给专门的代理机构。

4.2.2.2　代理记账的风险

代理记账机构的风险按其形成原因可以分为三种。

1. 来自委托企业的风险

由于委托人实行代理记账的目的以及代理记账双方信息不对称等原因引起的被代理方逆向选择行为使代理业务遭受失败的风险。

（1）来自假账假报表的风险。企业发展需要有资金支持，向银行借款是筹集资金的主要手段。但是向银行贷款要求符合贷款条件，具有还款能力，企业的经营状况和资产质量尤为重要。当企业达不到银行要求的指标时，想借到贷款，别无选择，只有要求代理记账会计编制假会计报表。

（2）来自税务方面的风险。代理记账的魅力主要在于税务筹划。许多企业寻求代理记账的目的就是想偷税，或者与代理记账机构一起偷税，或者通过提供不真实的财务数据把偷税的责任转嫁到代理记账机构，这些都给代理记账机构带来了很大的风险。有的企业管理者认为通过代理记账一定能够少交税。某些企业管理者以为，被聘请的代理记账机构可通过与税务局的关系和专业知识技能使企业纳税降低。代理记账机构要么成为企业"合理合法"偷税漏税的工具，要么与客户的关系恶化。代理记账机构面临这种两难的选择，一旦选择错误就会带来严重的后果。

（3）来自企业违法经营的风险。有些公司不诚实经营，总是在客户身上做"文章"，坑、蒙、拐、骗，不择手段。虚构业务，给客户提供假财务报表。一朝败漏，老总出逃，代理记账会计担责。有些老板成立企业的目的就是为其犯法的勾当做幌子，成为其洗钱的工具，让会计成为其帮凶。这种风险较易辨认，风险很大，但利益可能很诱人。

（4）来自事后核算模式的风险。现代企业在发展过程中，对会计的要求不再是简单的记账，企业的发展需要会计的出谋划策，运筹帷幄。由于代理记账仅仅是对企业一定时期内的业务汇总核算，失去了财务会计在企业经营管理过程中的监督作用。这种事后核算模式不能给企业经营提供正确的导向，往往造成核算出经营成果时许多损失都已无法挽回的遗憾。结果可能是企业对代理会计的作用产生怀疑和失望，直接导致代理记账业务量减少的风险。

2. 来自代理记账机构内部环境的风险

来自代理记账机构内部环境的风险主要是由于代理记账机构自身内部质量控制制度、代理记账人员素质、风险意识等原因而使代理记账业务面临失败的风险。

（1）内部质量控制制度。代理记账机构自身的质量控制体系包括代理记账工作规程的制定、工作底稿的编制与审核、人员的工作分工、重要代理记账文书的两级复核制，代理记账人员的后续教育与培训，代理记账档案的管理等。完善的内部质量控制制度，可以减少代理记账机构的代理风险，在代理记账事务的过程中及时对风险进行控制，减少风险发生。

（2）代理记账人员素质。包括三个方面，一是代理记账人员的职业道德水平。它直接影响着代理人员的工作态度和代理业务完成的结果。二是代理记账人员的专业水平和工作经验。它直接影响代理业务完成的质量。代理记账人员的职业道德和专业素质是影响代理记账成败的关键所在，许多代理记账失败与代理记账人员的素质不高有很大的关系。三是代理记账会计的沟通能力。在代理业务遇到问题时，恰当的询问、合理的拒绝、适当的解释非常重要。与委托企业沟通不畅可能导致代理业务失败的风险。

3. 来自外部环境的风险

来自外部环境的风险主要是经济、政治、法律等一些代理记账机构无法控制的外部环境变化导致代理记账遭受失败的风险。

（1）来自经济环境的风险。代理记账是建立在市场经济基础上的，市场经济的基本特征是竞争，代理记账机构作为以盈利为目的的市场主体，必然要接受市场的竞争。代理记账还没有得到广泛的社会认同，特别是在内地。为了争取客户，市场竞争会更加激烈。目前个人从事代理记账业务和单位会计兼职代理记账业务占该业务的绝大部分，个人和兼职代理记账采取低成本低服务的方式参与招揽客户，这种恶性竞争严重干扰了代理记账行业的正常发展，同时使代理记账行业的社会形象受损。

（2）来自社会环境的风险。代理记账机构作为中介机构，是代理记账行业走向规范与成熟的最起码的条件。目前代理记账业务多数是依靠税务部门介绍和熟人推荐等，这种关系网的竞争，严重影响了代理记账机构的独立性，扰乱了代理记账的市场秩序，不利于代理记账行业的规范发展。

（3）来自法律环境的风险。代理记账的直接依据是有关的法律法规。《代理记账管理办法》第十一条规定：依法应当设置会计账簿但不具备设置会计机构或会计人员条件的单位，应当委托代理记账机构办理会计业务。两个"应当"而不是必须。《代理记账管理办法》第二十四条规定：对于未经批准从事代理记账业务的，由县级以上人民政府财政部门责令其改正，并予以公告。责令其改正而不是责罚。《代理记账管理办法》第十一条规定了四项代理记账业务，过窄的业务面难以让专做会计代理记账业务的机构发展壮大，但是，如果拓展规定业务之外的业务就会面临合规性风险。

4.3 税务代理

4.3.1 税务代理概述

4.3.1.1 税务代理的概念
税务代理是指税务代理人在国家法律规定的代理范围内，受纳税人、扣缴义务人的委托，代为办理税务事宜的各项行为的总称。国家对从事税务代理活动的专业技术人员实行注册登记制度。按本规定取得中华人民共和国注册税务师执业资格证书并注册的人员，方可从事税务代理活动。一般来说，公司可以在注册税务师的帮助下，减少纳税错误，用足、用活税收优惠政策，做好税收筹划；注册税务师还可以协调税收征纳双方的分歧和矛盾，依法提出意见进行调解，也可接受公司的委托向上级税务机关申请相关事宜。

4.3.1.2 税务代理的作用
（1）税务代理对于依法治税具有促进作用。依法治税的基本要求是税务机关依法行政，纳税人、扣缴义务人依法纳税。税务机关的征税过程和纳税人的缴税过程实际上就是税法规定的征纳主体双方权利与义务的法律执行过程。推行税务代理制度，由熟悉财务、税制业务的专业人员作为沟通征纳双方的桥梁，以客观公正的立场协调征纳双方的行为，帮助纳税人准确、及时地缴纳税款，并监督纠正征纳双方可能的偏离税法规定的行为，将有利于推进我国依法纳税的进程。

（2）税务代理对于税收征管的监督制约机制具有完善作用。加强税收征管工作的一个重要环节，是建立一个科学、严密的监督制约体系，确保税收任务的完成。实行税务代理制度，可在税收征纳双方之间，通过税务代理人这个中介体，形成纳税人、税务代理人、税务机关三方面的制约关系。纳税人作为履行纳税义务的主体，要自觉纳税，同时受到税务机关与税务代理人的依法监督制约。税务机关作为税务征收的主体，要严格执法，同时受到纳税人与税务代理人的监督制约。税务代理人在开展代理活动的过程中，也要受到纳税人和税务机关的监督制约。这就形成了一个全方位的相互制约体系，必将促进税收征管制度的进一步完善。

（3）税务代理对于纳税人的自觉纳税意识具有增强作用。纳税是每个纳税人应尽的义务。纳税人的纳税事务大多数是由税务人员来完成的。部分纳税人自觉纳税的意识较为淡薄。实行税务代理后，纳税人可以选择自己信赖的税务代理人，代为履行申报纳税义务。纳税人选择税务代理人正是自觉纳税意识的体现。税务代理的实施，有利于提高纳税人主动申报纳税的自觉性，增强纳税意识，有利于形成纳税人依法纳税的良好局面。

（4）税务代理对于纳税人的合法权益具有保护作用。实行税务代理，纳税人可以在税务代理人的帮助下减少纳税错误，用足用好税收优惠政策，做好纳税筹划。税务代理人还可以协调税收征纳双方的分歧和矛盾，依法提出意见进行调解。如有需要，税务代理人可以接受纳税人委托向上级税务机关申请行政复议。这些都切实有效地维护了纳税人的合法权益。

4.3.1.3 我国税务代理的基本内容

《中华人民共和国税收征收管理法》第八十九条规定：纳税人、扣缴义务人可以委托税务代理人代为办理税务事宜。也就是说，在双方自愿的前提下，只要是有关法规规定的税务事宜，纳税人、扣缴义务人均可以委托税务代理人办理。《税务代理业务规程》规定，代理人可以从事下列范围内的业务代理：

（1）办理税务登记、变更税务登记和注销税务登记手续；
（2）办理纳税、退税和减免税申报；
（3）建账建制、办理账务；
（4）办理除增值税专用发票外的发票领购手续；
（5）办理纳税申报和扣减税款报告；
（6）制作涉税文书；
（7）开展税务咨询、税收筹划、涉税培训等涉税服务业务；
（8）办理税务行政复议手续；
（9）审查纳税情况；
（10）办理增值税一般纳税人资格认定手续；
（11）利用主机共享服务系统为增值税一般纳税人代开增值税专用发票；
（12）国家税务总局规定的其他服务。

4.3.2 税务代理机构

我国的税务代理机构是税务师事务所和有关主管部门批准可以从事税务代理业务的其他机构，如会计师事务所、税务咨询机构等。

1. 税务师事务所

税务师事务所可以由注册税务师合伙设立，也可成立负有限责任的法人。设立税务师事务所应具备一定数量的专职从业人员，其中至少应该有 5 名以上的注册税务师。一名税务师只能加入一个代理机构。设立税务师事务所应向主管审批部门提出申请，并提交以下资料：①事务所的名称、组织机构、业务场所；②事务所主要负责人、从业人员、税务师的有关情况及证明材料；③事务所的有关规章制度、合同、协议书；④主管审批部门要求提供的其他证明材料。

2. 其他税务代理机构

经有关主管部门批准可以从事税务代理业务的会计师事务所、律师事务所、审计师事务所、税务咨询机构，必须在本机构内部设立专门的税务代理部门，配备 5 名以上专职的注册税务师，方可从事税务代理业务。

4.3.3 税务代理人的权利、义务和法律责任

在中介机构的税务代理活动中，注册税务师应当以纳税人、扣缴义务人自愿委托和自愿选择为前提，遵守国家税收法律、行政法规和行政规章，独立、公正执行业务，维

护国家利益，保护委托人的合法权益。

1. 税务代理人的权利

（1）注册税务师有权依照法律规定的业务代理范围，代理由纳税人、扣缴义务人委托的税务事宜。

（2）注册税务师从事代理业务，受国家法律保护，任何机关、团体、单位和个人不得非法干预。

（3）注册税务师有权根据代理业务需要，查询被代理人的有关财务会计资料和文件，查看业务现场和设施。被代理人应当向代理人提供真实的经营情况和财务资料。

（4）注册税务师有权向当地税务机关查询税收政策、法律、法规和有关资料。

（5）注册税务师对税务机关的行政决定不服的，可依法向上级税务机关申请行政复议或向人民法院起诉。

2. 税务代理人的义务

（1）注册税务师在办理代理业务时，应向被代理人或有关税务机关出示由国家税务总局或省、自治区、直辖市及计划单列市注册税务师管理机构核发的注册登记证明。注册税务师对其代理的业务所出具的文书有签名盖章权，并承担相应的法律责任。

（2）注册税务师应保守被代理人的商业秘密。

（3）注册税务师对被代理人偷税、骗税的行为，应予以制止，并及时报告有关税务机关。

（4）注册税务师应按规定接受专业技术人员继续教育，不断更新知识，掌握最新的税收政策法规，提高操作技能。

（5）注册税务师应当建立税务代理档案，如实记载各项代理业务的始末和保存计税资料及涉税文件。税务代理档案至少保存5年。

3. 税务代理人的代理责任

（1）注册税务师未按照委托代理协议书的约定进行代理，或违反税收法律、行政法规的规定进行代理活动的，由县及县以上税务机关按有关规定处以2 000元以下罚款，并追究相应的责任。

（2）注册税务师在一个会计年度内违反《注册税务师资格制度暂行规定》从事代理活动两次以上的，由省税务师资格审查委员会停止其从事代理业务1年以上。

（3）注册税务师知道被委托代理的事项违法仍进行代理，或知道自身的代理行为违法的，除由县及县以上税务机关按有关规定处以2 000元以下罚款并追究相应的责任外，省税务师资格审查委员会将注销其资格，收回《中国税务师执业证书》，禁止其从事税务代理业务；税务师事务所及税务代理部违反税收法律和有关行政规章进行代理活动的，由县及县以上税务机关视情节轻重，给予警告、处以2 000元以下罚款，或由省税务师资格审查委员会给予停业整顿、责令解散等处理。

（4）注册税务师从事税务代理活动，触犯刑律构成犯罪的，由司法机关追究其刑事责任。

（5）税务代理人超越代理权限，违反税收法律、行政法规，造成纳税人未缴纳或者少缴税款的，除由纳税人缴纳或者补缴应纳税款、滞纳金外，对税务代理人处以2000

元以下的罚款。

4.3.4 税务代理的法律关系与责任

税务代理的法律关系是指纳税人、扣缴义务人委托注册税务师办理纳税事宜而产生的委托方与受委托方之间的权利、义务和责任关系。注册税务师以委托方名义进行代理工作，其代理过程中所产生的法律后果直接归属委托方，税务代理法律关系的确定以委托代理协议书的签订为标志。

4.3.4.1 税务代理的法律关系

1. 税务代理关系的确立

1）税务代理关系确立的前提

税务代理应当以双方自愿委托和自愿受理为前提，同时还要受代理人资格、代理范围及委托事项的限制。

（1）委托项目必须符合法律规定，严禁代理违法行为，如偷税、漏税；

（2）受托代理机构及专业人员必须具有一定资格；

（3）注册税务师承办业务必须由所在的税务师事务所统一受理；

（4）签订委托代理协议书，不能用口头或其他形式来确立税务代理关系。

2）税务代理关系确立的程序及形式

（1）税务代理关系的准备阶段，双方要协商委托目标及服务标准、双方的权利义务、代理费收取等事宜。

（2）委托代理协议书签约阶段，协议书经委托方、受托方签章后，正式生效。

2. 税务代理关系的变更

（1）委托代理项目发生变化的；

（2）注册税务师发生变化的；

（3）由于客观原因，需要延长完成协议时间的。

3. 税务代理关系的终止

（1）自然终止：代理期限届满或代理事项完成。

（2）如发生以下情况，则委托方在代理期限内可单方终止代理行为：①税务代理执业人员未按代理协议的约定提供服务；②税务师事务所被注销资格；③税务师事务所破产、解体或解散。

（3）如发生以下情况，则税务师事务所在代理期限内可单方终止代理行为：①委托人死亡或解体、破产；②委托人自行实施或授意税务代理执业人员实施违反国家法律、法规行为，经劝告仍不停止其违法活动的；③委托人提供虚假的生产经营情况和财务会计资料，造成代理错误的。

委托关系存续期间，一方如遇特殊情况需要终止代理行为的，提出终止的一方应及时通知另一方，并向当地主管税务机关报告，终止的具体事项由双方协商解决。

4.3.4.2 税务代理的法律责任

1. 委托方的法律责任

如果委托方违反代理协议的规定，致使注册税务师不能履行或不能完全履行代理协议，由此产生的法律后果的责任应全部由委托方承担，其中，纳税人除了应按规定承担本应承担的税收法律责任以外，还应按规定向受托方支付违约金和赔偿金。

2. 受托方的法律责任

（1）税务代理如因工作失误或未按期完成税务代理事务等未履行税务代理职责，给委托人造成不应有的损失的，应由受托方负责。

（2）税务代理违反税收法律、行政法规，造成纳税人未缴或少缴税款的，除由纳税人缴纳或者补缴应纳税款、滞纳金外，对税务代理人处纳税人未缴或少缴税款50%以上3倍以下的罚款。

（3）《注册税务师管理暂行办法》规定，对注册税务师及其所在机构违反该规定的行为，分别按下列规定进行处理。

注册税务师有下列行为之一的，由省税务局予以警告或者处1 000元以上5 000元以下罚款，责令其限期改正，限期改正期间不得对外行使注册税务师签字权；逾期不改正或者情节严重的，应当向社会公告，公告办法另行规定。

①执业期间买卖委托人股票、债券的；

②以个人名义承接业务或收费的；

③泄露委托人商业秘密的；

④允许他人以本人名义执业的；

⑤利用执业之便，谋取不正当利益的；

⑥在一个会计年度内违反《注册税务师管理暂行办法》规定2次以上的。

注册税务师有下列行为之一的，由省税务局予以警告或者处1 000元以上1万元以下罚款，责令其限期改正；逾期不改正或者情节严重的，应当向社会公告。

①未按照《注册税务师管理暂行办法》规定承办相关业务的；

②未按照协议规定履行义务而收费的；

③未按照财务会计制度核算，内部管理混乱的；

④利用执业之便，谋取不正当利益的；

⑤采取夸大宣传、诋毁同行、以低于成本价收费等不正当方式承接业务的；

⑥允许他人以本所名义承接相关业务的。

注册税务师和税务师事务所出具虚假涉税文书，但尚未造成委托人未缴或少缴税款的，由省税务局予以警告并处1 000元以上3万元以下的罚款，并向社会公告。

注册税务师和税务师事务所违反税收法律、行政法规，造成委托人未缴或少缴税款的，由省税务局按照征管法实施细则第九十八条的规定处以罚款；情节严重的，撤销执业备案或收回执业证，并提请工商行政管理部门吊销税务师事务所的营业执照。出现上述规定情形的，省注册税务师管理中心应当将处罚结果向国家税务总局注册税务师管理中心备案，并向社会公告。

3. 对属于共同法律责任的处理

代理人知道被委托代理的事项违法，仍进行代理活动的，或者被代理人知道代理人的代理行为违法，不表示反对的，由被代理人和代理人负连带责任。根据这项规定，注册税务师与被代理人如果相互勾结、偷税抗税、共同违法，应按共同违法论处，双方都要承担法律责任。涉及刑事犯罪的，还要移送司法部门依法处理。

4.3.4.3 税务代理的赔偿

1. 代理赔偿金的来源

税务代理赔偿金是税务代理机构为支付由于代理的失误而造成委托方经济损失的赔偿基金。它是市场经济条件下代理服务业的普遍做法，也是税务代理的明显特征。代理赔偿金是税务代理作为经济实体存在的基础，也是税务代理机构进行税务代理的基本条件。它不仅是代理行为保险的表现形式，而且是税务代理机构可信程度的体现。只有建立代理赔偿金，才能使纳税人、扣缴义务人形成保险心理，从而拓宽代理领域，促进税务代理业的壮大和规模效益的形成。代理赔偿金包括开办初期的准备金和从代理业务收费中提取的赔偿金。

开办初期的准备金即税务代理机构在申请成立时从注册资本中提取的部分，用作代理责任失误的经济赔偿；从代理业务收费中提取的部分是代理赔偿金的重要组成部分。

2. 代理赔偿金的支付

作为一种经济行为，税务代理可为代理机构获得经济效益，但如果发生代理失误而给纳税人、扣缴义务人造成经济损失的，也要负赔偿责任。因此，税务代理机构因其代理行为的失误而造成纳税人、扣缴义务人经济损失，必须按照代理协议书规定的条款进行资金补偿。可见，代理赔偿金的支付不仅是代理机构承担经济责任的一种表现形式，也是取得纳税人、扣缴义务人信赖的一个重要环节。

4.3.5 税务代理程序及应用

税务代理活动是由一系列具体的业务行为组成的，需要经过一定的程序。税务代理程序根据不同的管理要求，从不同的角度、以不同标准可进行多种分类。从税务代理程序的普遍性及特殊性来看，可分为税务代理的一般工作程序和税务代理的具体工作程序。税务代理的一般工作程序，就是具有普遍意义的最基本的税务代理工作环节构成的统一体及其各环节的先后次序，即不管哪一项税务代理工作都要经过委托、受理、承办、清理、移交等环节。税务代理的具体工作程序是指税务代理人因接受纳税人、扣缴义务人委托的税务代理事项、代理权限、代理期限等不同内容，采用不同的形式，承办税务代理业务活动内容方面具有特殊性的过程，表现在具体工作程序上的差异。

税务代理工作的各个环节，应相互衔接、相互联系、相互制约，严格按照工作程序进行，使之具有条理性，从而保证各个环节的工作质量。

本章小结

（1）财务会计外包指的是企业将财务管理事项和会计业务流程的部分或全部委托专业的财务会计服务提供商代为设计、管理、执行的管理模式。

（2）财务会计外包的内容主要包括：建账建制，代理记账；税务外包；薪酬外包；财务报告外包；差旅费和招待费等费用外包；应收账款管理外包。

（3）代理记账是依法取得代理记账许可的机构接受各种类型的会计主体委托，为其提供以会计核算为基础核心，辅助以税务、工商、财务管理咨询及税收筹划等会计服务，为客户提供具有高附加值的会计服务产品。代理记账业务遵循合法性、客观性、有偿性和自愿性的原则。

（4）税务代理是指税务代理人在国家法律规定的代理范围内，受纳税人、扣缴义务人的委托，代为办理税务事宜的各项行为的总称。税务代理有利于促进依法治税，有利于完善税收征管的监督制约机制，有利于增强纳税人的自觉纳税意识，有利于保护纳税人的合法权益。

5 内部审计外包

【学习目标】

1. 了解内部审计、内部审计外包的内涵；
2. 熟悉内部审计外包的具体内容；
3. 掌握内部审计外包的不同形式；
4. 了解内部审计外包管理的若干要点。

【案例引导】

A 公司的内部审计外包

某市 A 公司为一家国有独资企业，公司业务包括高速公路项目投资、建设、运营管理及沿线项目开发、建筑材料批发兼零售等。20 世纪 90 年代初注册成立后改制为法人独资的一人有限责任公司。在公司当地，它唯一代表市政府在公路行业对外招商引资，独家享有该地区高速公路的投资权及建设权。自成立以来，公司共建成 30 余个路桥项目，包括建成通车的高速公路项目共 10 个，通车里程达 537 公里。在以路桥项目为主营业务的同时，公司更涉足广告、房地产、建筑工程代建、IT 等多个行业。因此，公司的经营目标就是朝多元化发展，并且由于公司业务多样化，对审计人员有较高的业务素质要求。但该公司目前审计人员配备并不到位，仅有专职内部审计人员 5 名，审计部部长 1 名，所以公司在内部审计业务集中时便需要聘请外部机构的人员协助其完成工作。例如，A 公司审计部每年需要对建设公司的每个在建项目进行基本建设审计，以审查各项目是否运行平稳，有没有存在违纪、违规、滥用资金等现象。

2012 年公司聘请了一家会计师事务所，并临时聘请了几位项目专家对建设公司业务流程进行审计。在执行任务的过程中，内部审计人员在外部审计人员的提示下发现各个项目的施工单位在领用材料的流程上存在一定问题，修改前的业务流程如图 5-1 所示。

A 公司的在建项目所使用的原材料均由材料公司统一提供，项目经理部一般对计划采购先有一个审核的过程。但是，由于管理链条的松散，施工单位越过了项目经理部对其用料申请计划的审核，直接将计划结果交给材料公司，材料公司完全根据施工单位的用料计划进行采购。在这种情况下，若出现施工单位多报计划，材料公司的存货会直接增加，资金将被限制失去流动性，加大了公司整体的资金占用。

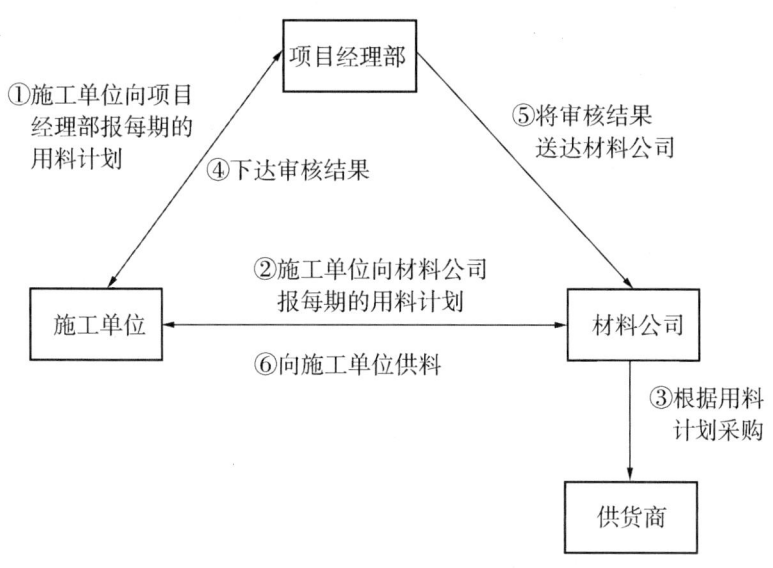

图 5-1 修改前的业务流程

在对建设公司审计的过程中,由于内外部审计人员此前已积极地沟通交流情况并一同制订了审计目标,在审计过程中外部审计人员发现存在的这一漏洞,内部审计人员很快引起重视,进行跟踪调查,最终将审计重点锁定在采购流程的②、③步骤,并向审计部长做出汇报。审计部长也及时上报了此项重大发现,公司管理层对此非常重视,责令建设公司、施工单位及材料公司加以改正。纠正后的材料运转流程更加科学合理,修改后的业务流程如图5-2所示。

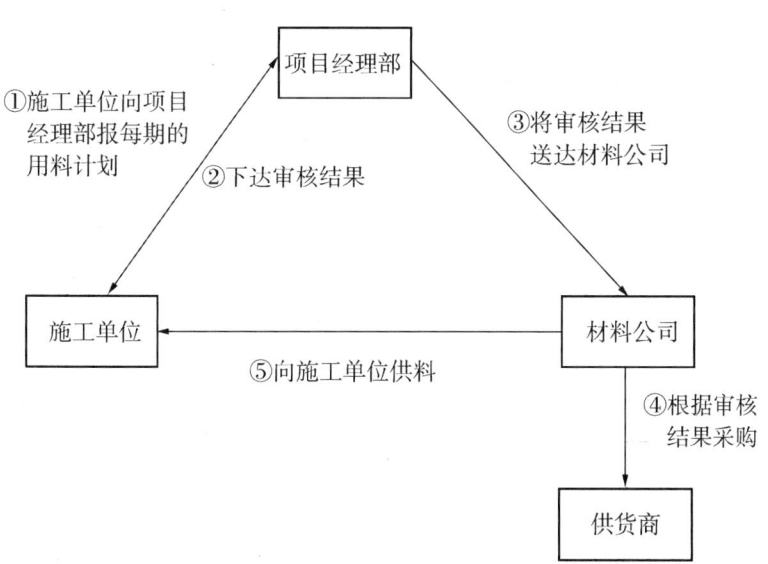

图 5-2 修改后的业务流程

5.1 内部审计外包概述

5.1.1 内部审计的概念

我国内部审计协会发布的《内部审计准则》将内部审计定义为：内部审计是指组织内部的一种独立客观的监督和评价活动，它通过审查和评价经营活动及内部控制的适当性、合法性和有效性来促进组织目标的实现。通过内部审计的定义可以得出以下结论：

(1) 内部审计需要保持独立性和客观性，因此并不用设立完整的内部审计部门，内部审计业务可以由外部审计人员提供，只要能达到其目标。

(2) 内部审计的目的是增加企业价值，帮助公司实现目标。

(3) 现代内部审计不再是传统单纯的财务报表审查，已经涉及公司风险的识别及控制以及促进公司的有效治理。

5.1.2 风险导向内部审计的演变及特征

内部审计经历了财务审计阶段、经营审计阶段、管理审计阶段和风险审计阶段。内部审计的演变不是人为规定的而是顺应社会经济环境变化和企业经营风险的扩大而产生的，是时代的客观要求而不是人们的主观创造。从内部审计的定义可以看出，内部审计由最初的财务导向审计、重视财务会计数据的验证、监督经营中的不合规发展到为企业的战略目标服务。这些都是风险管理思想对内部审计模式的影响，使内部审计人员意识到，需要从宏观上把握企业面临的风险与危机，帮助企业管理层降低风险、规避风险，为企业朝着战略目标方向发展保驾护航，其职责不仅仅是查错防弊，还有增加公司价值的职能和帮助企业管理层执行管理职能的职责。意识的改变导致了审计模式、审计程序、审计方法、审计范围的巨大变化。随着风险导向内部审计的出现，内部审计职能也发生了相应的发展变化。

风险导向内部审计的特征体现在以下几方面。

1. 由监督职能向咨询职能转变

内部审计师的咨询服务是指内部审计师根据企业管理者的需求和疑问，在对企业战略和业务的充分理解的基础上进行答疑解惑和出谋划策，以解决和改进企业的公司治理、风险管理和内部控制的过程。根据内部审计的定义，内部审计具有增加公司价值的职能。因此，安达信最初认为内部审计部门只是一个成本中心而不是价值中心的说法是不适当的。内部审计部门也可以通过咨询活动等为企业增加价值，但是这并不能成为否定内部审计外包的理由，因为外包的第三方同样可以执行内部审计部门的咨询职能，同样能为组织创造新的价值。

内部审计部门有不同的服务群体，其增值形式也不同。经营管理层对内部审计增进其经营效率和效果的方法有兴趣，认为审计应能通过识别改善经营的机会来增值，关心审计报告或审计过程中所提的建议，这更多地体现了定义中的咨询服务。审计委员会(董事会)对内部控制的适当性、经营数据的可靠程度、法律和法规是否得到遵循、资产是否安全更感兴趣，这一部分增值更多地与确认服务相关。内部审计实现增值，就必须注意咨询服务与确认服务的平衡，因为提供的咨询服务是否会损害其独立客观地提供确认服务，这是内部审计实现其增值目标所必须考虑的。

2. 由事后审计转向全程审计

IIA（内部审计协会）内部审计定义指出，内部审计的主要业务范围是"评价并改善风险管理，控制和治理过程的效果"。以前的事后审计只对发生过的业务事项或经济活动进行审计，而无法对企业当下正在发生的经济事项进行事中审计，更不能对企业未来面临的风险进行预测和控制，即不能进行事前审计。只对企业的经营结果进行事后评价与审计具有时间上的滞后性的缺点，是"事后诸葛亮"，而不能帮助管理层进行风险管理，不符合风险管理理念的要求，也不符合现代企业对内部审计的增值功能的要求。内部控制强调全过程控制，对内部控制负有监督、控制之责的内部审计，也将变为全过程审计即由传统的事后审计变为事前审计、事中审计与事后审计相结合。事前审计关注企业未来的风险领域，防患于未然，帮助管理层规避风险。事中审计是内部审计人员作为企业内部人特有的优势，即内部审计人员可以在企业经营过程中持续关注企业的各种层次的风险，从经营风险到合规风险，从违约风险到道德风险，内部审计人员随时可以检查发现风险，随时采取措施应对风险，使得风险可能对企业造成的损失降到最低。事后审计是在无法进行事前审计和事中审计的情况下，对风险采取转移或应对等措施，把损失降到最低。

3. 审计模式由经营业务导向向风险管理导向转变

1999年以来，IIA将内部审计的工作范围拓展到公司治理层面。内部审计部门在评估或者在企业经营过程中觉察到重大风险时，要主动发挥内部审计的风险管理功能，通过咨询职能，帮助企业降低风险，建立健全风险管理体系，以实现风险管理的目标。它由一种被动的经营过程中的查错防弊转变成主动的公司治理过程。在《内部审计实务标准》中，IIA规定："内部审计活动应该评价并改进组织的治理过程，为组织的治理作贡献。"风险导向内部审计站在企业战略目标的角度，通过对企业当下和将来的风险进行分析，辅助企业挖掘和权衡关键风险，推动企业健全风险管理体系，增加企业价值。在风险管理的设计与实施方面，内部审计的职责是提供确认和咨询服务，并向董事会合理保证风险已得到适时和适度管控。

5.1.3 内部审计外包的概念

随着经济的发展与企业内外部环境的变化，传统的内部审计已不再适应企业的需求，内部审计已由最初的财务导向内部审计，历经业务导向、管理导向之后，向风险导向内部审计发展。内部审计在企业内部已经起到越来越重要的作用，同时对内部审计人员的要求也不再是单纯掌握财务知识，而是需要具有财务、审计、管理、经济、法律、金融多领域知识背景。由于企业中很少有能够适应这种需求的内部审计人员，就需要向外部雇佣相应的人员，从而产生了内部审计外包。

内部审计外包，又可称为内部审计外部化，就是指管理层将本企业的内部审计职能全部或部分委托给外部的会计师事务所或其他专业人员实施。它具体表现为以下两种形式：

（1）部分外包。在这种形式下，企业内部审计部门及其人员与外部审计机构及其人员之间合理分工，相互配合，共同执行内部审计职能。

（2）全部外包。在这种形式下，企业将内部审计业务全部交由外部的会计师事务所或管理咨询服务机构来承担。

5.1.4 内部审计外包与外部审计的区别

内部审计机构是对企业的各项经营管理活动进行监督，并且控制经营过程中可能存在的风险，针对企业的经营管理提出相关建议，是企业内部的一个协助管理部门。而内部审计外包只是将内部审计业务全部或者部分交由外部审计人员来完成，并没有改变内部审计的实质。外部审计则是由完全独立于被审计单位之外的第三者对企业的财务报表及相关资料进行审查并发表审计意见，具有公证的作用。由此可以看出，内部审计外包与外部审计是两个完全不同的概念，它们在许多方面存在不同。

1. 审计的代理关系不同

内部审计是建立在企业的内部经济责任基础上，作为一种监督、控制作用，因而内部审计外包的委托人主要是企业的投资者，一般是由代表投资者的审计委员会来选择外包的承包机构；而外部审计的委托关系是多方面的，可以是企业本身，也可以是第三方。

2. 审计的目标不同

内部审计主要是对企业的各项经营管理活动进行监督，并且控制经营过程中可能发生的风险，针对企业的经营管理提出相关建议，并建立一套完善的内部控制体系，从而增加企业的价值和改善经营活动。内部审计外包只是改变了业务的执行者，并没有改变内部审计的目标。外部审计则是根据相关的会计制度和准则，对企业的财务报表的合法性和公允性发表审计意见。

3. 审计的服务对象不同

内部审计外包服务的对象主要是企业的管理者及投资者；而政府、银行、投资者、债权人以及潜在投资者等都有可能是外部审计的服务对象。

4. 审计的性质不同

内部审计外包属于监督、评价范围；而外部审计则属于鉴证业务。

5. 审计的内容不同

内部审计的内容要根据具体的情况而定；而外部审计主要是审查财务报表的真实性和公允性等，其依据是财务报表各项目。

6. 与内部控制的关系不同

内部审计针对企业整个内部控制系统；而外部审计主要针对的是企业内部财务控制。

7. 审计的依据不同

内部审计外包所依据的是中国内部审计协会制定的《中国内部审计准则》；而外部审计的依据则是中国注册会计师协会制定的《中国注册会计师执业准则》。

5.2 内部审计外包的优势

相对于由企业自身承担内部审计职能而言，把内部审计职能外包具有如下优势。

1. 有利于内部审计与外部审计的协调

内部审计与外部审计的良好协调可以提高效率，改善审计质量，发挥内部审计和外部审计在公司治理中的重要作用。首先，良好的协调可以合理分配审计范围，减少重复审计，使二者互为补充，节约了审计资源和成本。其次，了解熟悉公司的决策程序、管理制度、业务流程和风险状况，对公司内部来说是一种自我检查和自我监督行为，具有预防性、经常性、主动性和针对性的特点，便于实施事前、事中审计，如果了解内部审计的结果就可以极大地提高外部审计的效率。因此，内部审计和外部审计的合作可以实现共赢，实现增值效果。而内部审计外部化则很好地促进了内部审计与外部审计的协调。

例如，一家注册会计师事务所经常承接内部审计外包之后，经过多次的实践与摸索，必然逐渐精通某家公司或者某家公司所在行业的内部审计的业务内容、业务范围以及业务特点等。这样，当这家会计师事务所对这个行业的其他公司进行外部审计时，其内部审计的实践会极大地促进其与内部审计的协调，极大地提高审计效率与审计质量，同时还可以利用自己的内审经验给予公司内审部门建议，或者请教内审部门先进的内审方法，为以后承接内部审计外包业务打下良好的知识基础。

2. 有利于提高内部审计质量

首先，对于一般公司来说，内部审计不是其核心部门，不具有核心竞争力，因此基于成本考虑，大多数公司都不会对内部审计人员进行充分的培训投入，其结果导致其内部审计人员的业务素质提高缓慢。而对于大多数注册会计师事务所来说，其员工的审计知识、审计相关业务的素质和能力是其核心竞争力，审计业务也是事务所的核心业务，因此，注册会计师事务所必然会投资对其员工进行大量的培训，员工的业务能力也会迅速提高，长此以往，其专业胜任能力就会远远超过内部审计人员。也就是说，长期来看，内部审计外包有利于提高内部审计质量。

其次，由于信息不对称，内部审计人员也会面临道德风险，而对于注册会计师来说，审计业务和咨询业务都是其主要的收入来源，因此行业声誉对他们来说极其重要，而且他们面临的道德风险压力要比内部审计人员小得多，所以有利于提高内部审计质量。

再次，由内部审计与外部审计的关系可知二者存在着千丝万缕的关系，注册会计师事务所由于承接外审业务积累了丰富的内部审计经验，对同类行业的内部控制和内部审计的情况更加熟悉，因此会提高外审的质量，使外审工作更有效率。因为他们的效率更高，成本更低，为了扩大市场份额，他们会降低外部审计收费。反过来，这也为上市公司节约了审计费用。此外，降低培训费用、节约设置机构的成本、避免劳资纠纷等也是降低成本的渠道。

3. 有利于增强内部审计的独立性

独立性是所有审计的灵魂,是审计必须具备的条件,法律法规对内部审计人员做出了独立性的要求。内审人员是公司的成员之一,其工资、福利均由公司管理部门所决定,与外部审计人员相比,其独立性不可避免地要受到限制,其所能发挥的作用在某些方面也有局限性。一方面,内部审计一般由公司主要负责人领导,在公司内部相对于其他单位和部门独立,但同时又是公司内部的一个职能部门,在人、财、物上均不能独立,特别是当领导参与或者是法人违纪时,往往无能为力;另一方面,内部审计人员与本公司人员长期工作生活在一起,从而产生了千丝万缕的联系,审计时可能会出于利益关系大事化小小事化了了,违背了内部审计的初衷。

而内部审计外部化之后,由于外部注册会计师事务所与企业管理层没有经济依靠关系,从而大大提高了独立性水平。注册会计师事务所对于企业的独立性的天然优势使得注册会计师事务所对企业的内部审计更具可靠性。因此,通过信息传递作用,外包内部审计业务的公司或企业能够给外界传递出其具有更好的风险控制能力、企业运转有序、管理层没有舞弊之动机等等利好消息,其股票价值就可能因此而上涨;即将负责对其进行审计的注册会计师事务所更有可能以更低的价格接受年审工作从而提高企业的议价能力和市场声誉。审计师独立程度的高低直接影响审计质量甚至审计的成败。目前,外部审计师有严格的审计准则要求;而内部审计师虽然也有相关规范来要求,但是,由于要求不严,独立性很难得到执行。只有在注册会计师事务所,其审计人员才能受到严格的质量控制,因为审计师的独立性直接影响到注册会计师事务所审计工作的成败,注册会计师事务所的利益与外部审计师的利益是一致的。目前,国内内部审计师制度和实践发展都不够完善和成熟,其独立性的控制难以达到要求。再者,内部审计师的待遇受到企业管理层的影响,如果"得罪"管理层,维护独立性的结果不一定是管理层下台,而可能是内部审计师丢掉饭碗,因此,有的内部审计师不能维持独立性水平,无法做到正义公道。

4. 有利于降低企业经营风险

当今时代,每个企业都面临着巨大的经营风险和多变的经济环境。因此,企业内部审计是否采取外包是一种战略行为,是在风险管理理论和战略管理理论指导下的理性决策。国外学者发现,当公司的固有风险高时,无论是管理层还是所有者都倾向于选择外包方式进行内部审计工作,外界更信赖外部服务提供商即注册会计师事务所的审计质量。同样,对于即将对企业进行年审的注册会计师事务所来说,它们更加信任外包的内部审计成果。对于实施了内部审计外包的企业,其负责年审的注册会计师会更多地利用内部审计成果,从而减少审计程序,降低审计成本,进而降低企业的审计费用。如果能够产生上述结果,管理层会选择外包。企业可以根据战略需要,灵活地进行外包形式的选择,充分利用注册会计师事务所拥有的资源优势,利用它们在特殊领域的专家和专业技能,帮助自己实现战略计划和战略目标。在外包形式的选择上没有一成不变的真理,只要符合企业战略目标的需要,只要企业能够控制内部审计的主动权,提高内部审计外包的议价能力,就可以在内部审计业务市场上游刃有余。当内部审计阻碍企业战略目标实现时,企业可以将其外包出去,这是理性选择而不是具体规定。

另外，管理者甚至可以利用外包来增加内部审计人员的生存危机感，使其工作更加勤奋而不懈怠，更加努力学习专业知识和提高业务素质，防止被外部审计人员所代替；同时，基于优势互补原则，企业可以外包自己的弱势项目给注册会计师事务所，把企业的资源集中到优势部门，发挥比较优势的作用，从而把企业做大做强。因此，外包的选择需要从战略高度和多元化视角来看待。需要注意的是，企业要改变老观念，不是自己的内部人员同样可以胜任和完成内部人员所能完成的任务，内部审计的外包并不影响公司或企业的正常经营。企业只是利用会计师事务所的专业知识优势来为自己的企业发展作贡献。会计师事务所只是代替内部审计部门行使内部审计职能，当这个外包任务完成后，注册会计师事务所的使命对这个企业来说就已经结束，不会对企业造成影响。

5. 有利于拓展会计师事务所业务范围

目前，我国的会计师事务所得到了飞速发展，但还是存在业务模式单一、收入来源单一的现象。中国注册会计师事务所70%的业务收入来源于年报审计即外部审计，而事务所过度依赖外部审计的结果就有可能降低其独立性。随着会计师事务所之间竞争加剧，事务所为了获得客户的满意，甚至不惜铤而走险，降低独立性，以维护客户的不正当利益。而内部审计外包可以扩展会计师事务所的业务范围，拓宽事务所的收入渠道，降低事务所对外部审计客户的绝对依赖，增加独立性，对维护审计行业的声誉具有重大意义。另外，越来越多的企业意识到内部审计的重要性，出于审计成本及审计质量的考虑，可能会把内部审计业务外包出去，因此，我国的内部审计业务市场是巨大的。如果现在注册会计师积极承接内部审计外包业务，不但可以拓宽收入来源，而且能够为将来的内部审计外包工作积累经验。从资源配置角度看，注册会计师事务所承接内部审计外包业务可以优化资源配置，充分利用闲置人力资源和其他资源。在我国，年审都集中在年底和年初，而年中则是会计师事务所的淡季，造成大量资源的闲置浪费，承接内部审计外包业务后，不但可以提高收入，而且可以充分发挥资源优势。

5.3 内部审计外包的内容

就内部审计包含的主要内容来看，企业在实施内部审计外包时，应当选择与企业核心战略没有太多关联的内部审计领域实施外包，而对于那些涉及企业战略发展方向和核心机密的内审内容则不适合交由外部代理机构来实施，因为这些业务的外包会给企业带来很大的潜在风险，一旦在外包过程中因管理不善而导致秘密泄露，对企业来说可能会造成难以弥补的损失。对内部审计外包内容的决策会受到多种因素的影响，企业应当科学合理地权衡各种因素，制定一个系统的外包内容决策体系（见图5-3），有效降低外包风险。

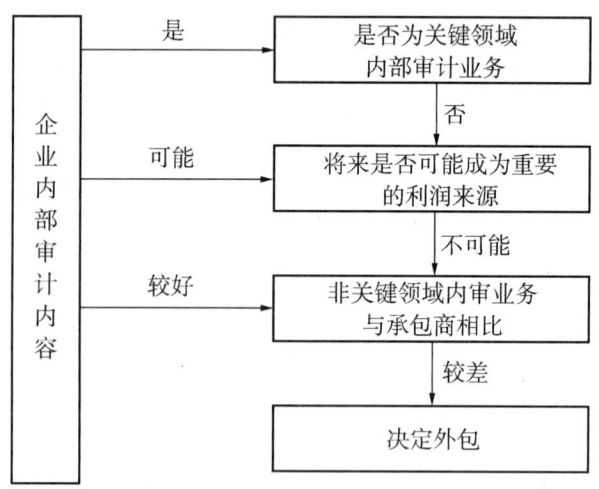

图 5-3　外包内容决策体系

5.3.1　财务审计

财务审计是企业内部审计最基础的内容,与监督职能密切相连。它主要是对用会计方法所计量和报告的企业经济活动进行鉴证分析,也就是内部审计师对财务报表进行审计,包括对企业财务状况、经营成果和现金流量进行全面审计以及对财产物资、成本费用、债券债务、经营损益等实施单项审计。除此之外,也会对企业的财务会计控制系统运行是否有效以及企业内部的不兼容职位是否相互分离等进行评价。

对于财务审计,我国已经出台了部分法律法规,而且在审计规范上也有了普遍的标准。我们可以依据相关的控制制度进行财务审计,并采用特定的审计流程与方法对与财务有关的内部控制进行全面有效的评价。外部审计机构在这方面也十分擅长,因为它们不仅拥有具有大量财务专业知识的审计人员,而且也具备了专业的审计技术和先进的硬件、软件设施,所以,它们可以按照企业的需求,为企业提供高质量的财务审计。因此,财务审计可以优先考虑外包。

5.3.2　业务经营审计

业务经营审计是指对企业内各个职能部门进行综合检查,评估经营的经济性和效率性以及这些职能实现其目标的效果性。它可以分为经济性审计、效率性审计和效果性审计。经济性审计是对企业资源配置有效性的一种评价,主要从资金审计、人力资源审计等对企业资源的利用效果进行分析。效率性审计是对企业资源利用效率的分析和评价,主要是根据投入与产出之间的比例关系来进行判断,包括对企业固定资产使用状况、资金周转情况等方面的审查。效果性审计是指通过比较经营成果与企业预期经营目标之间的差异,来评价企业目标完成的程度,主要包括审查企业的生产经营活动是否按管理人员意图进行、既定的经营目标是否得以实现或企业预算等。相对于财务审计来说,业务经营审计的范围更广,它穿过企业财务会计层次而直接深入到企业的业务管理层面。单从这方面来看，内部审计部门相对于外部审计机构具有更多的优势。因为他们比外部审计机构更熟悉企业的经营管理和业务流程，可以更多地站在管理层的角度来审视经营业务的合理性和效益性。所以，企业在进行审计业务外包的考量时应当特别关注到内部审计部门在业务经营审计方面的能力，将此作为衡量的因素之一。

5.3.3 项目审计

企业内部项目审计是指审计人员依据内部审计计划或者在管理层和董事会的要求下对正在实施的项目进行的特别检查，包括评价项目或投资的可行性，计算和评估项目成本支出的合理性，评价项目进度是否与计划相符以及项目是否达到了既定的目标。这种业务方面的审计是短期并集中的，它随着项目起止。内部审计部门很难在短时间内集中大量的专家和物力资源，并且科学合理地组织开展审计业务。这时外部审计机构有明显的优势，在外包的考虑中，他们仅需要对企业内部的管理团队进行一个评估即可。内审资源比较缺乏的企业，就可以充分利用外部专业咨询团队的先进技术进行审计。但是，如果所审计的企业项目涉及较多的商业机密或管理层意志的话，企业则应当谨慎选择外包。

5.3.4 系统审计

系统审计从广义上来说是对企业所有操作系统的运行情况和效率进行的检测和评价，目的是为了保证系统运行的有效性和提升系统的整体性能。但就内部审计中的系统审计来看，它主要针对的是对企业从外部购入或自主研发的计算机操作管理系统。审计的内容主要是计算机的安全保障情况、对数据处理的精确程度、计算机系统运行的安全性和可靠性以及对未来的适用性等方面。企业可以进行如下三种决策：一是实施内包，即在企业内部寻找具备计算机专业知识的人员或部门来执行这项审计；二是寻求外部专业机构的帮助，即将这项内部审计业务外包给外部具有专业知识和技能的机构或人员；三是实施合作内审，即聘请外部专业人士来协助内审部门执行此项审计。

5.3.5 风险审计

风险审计是在国内外众多舞弊现象发生后提起的一种重要审计，现在已经逐渐演变成一种审计方法。它通过对企业经营活动的检查，评价企业在发展中所面临的潜在问题，并结合内外部环境，对可能面临的风险进行预警作用。

风险审计是内部审计职能的集中体现，包括检查、评价、建议和管理等多项内容。就这项审计来说，内部审计部门比较具有优势，因为内部审计人员可以很容易参与到企业的治理和风险管理当中。他们可以从企业的整体目标出发，客观地对风险进行识别和评价，并及时建议管理部门采取相应的风险应对措施。而这对于外部审计机构来说，是很难做到的。所以，风险审计很难实施外包，但是外包理论也并未对此做出否定。

5.4 内部审计外包的形式及其适用的企业规模

5.4.1 内部审计外包的形式

近年来，随着我国审计理论与实践体系的日益完善，我国企业的内部审计需求呈现出不断上升的态势，实施内部审计外包业务的企业越来越多。据有关机构调查显示，我国约有40%的企业开展了内部审计外包业务，在尚未进行外部化的企业中，有30%的企业表示在将来可能会采用内部审计外包的形式。

内部审计外包内容的选择和外包形式的选择是紧密联系的，在进行外包决策时，一般会对两者进行同步分析和决策。对于企业来说，规模不一样，所适用的外包方式就不同，内部审计外包并不意味着要将整个内部审计业务都交由外部机构来执行，所以应当具体问题具体分析。内部审计外包主要包括以下四种形式。

（1）补充外包。指企业将特定部分的内部审计职能外包给外部第三方，是最简单的内部审计外包形式。在这种形式下，外部审计人员主要是起到一种辅助作用，企业主要的内部审计职能仍旧是由内部审计人员来执行，例如，在特定的审计项目中聘请外界的专业人士。这种外包形式的优点是灵活简单、成本较低，而且不会影响内部审计人员的工作积极性和对企业的责任心和忠诚度。而它的缺点是外部审计师仅在提供帮助时才对企业进行接触和了解，很难从企业整体层面对企业存在的问题进行合理的、有效的分析，导致最终的内审结果可能会与管理层的预期存在差距。

（2）审计管理咨询。这是会计师事务所现有咨询业务或审计业务的延伸，主要任务包括帮助组织设置内部审计机构、配备内部审计人员、编制和制定内部审计计划等。在这种形式下，外包审计师充当的是一种企业专业顾问的角色，他们对企业的内部审计工作进行指导，而并非实际对其进行操作。它的优点是，在不干涉企业原有内部审计基本情况的条件下帮助企业优化内部审计工作，但也会存在"纸上谈兵"的弊端，可能会被内部审计部门或人员所忽视。

（3）内外合作审计。指内部审计项目组由内部审计师和外部审计师共同组成，在内审过程中分别承担不同的责任。组织将内部审计划分为不同的部分，把其中的一部分外包给外部独立的机构来完成，而剩余部分则由内部审计人员来执行。这样不仅提高了审计的效率，同时也可以保证审计的质量。此外，内外部人员在审计过程中可以通过沟通与交流实现知识的互换，从另一方面提升了内部审计人员的素质。但是，由于组织之间文化的差异，可能会引发矛盾和冲突，影响内部审计目标的实现。

（4）全部外包。在这种形式下，企业将全部内部审计职能都交由外部审计机构执行，企业不设内部审计部门，但是可以保留内部审计长来监督审计业务的执行，并担当与外部审计机构与管理层沟通的媒介。它的主要缺点是，容易使企业丧失内部审计的主导地位，产生"套牢"效应。而且这种形式下的内部审计也会缺乏连续性，不利于对企业日常生产经营活动实现有效的监控。这种外包形式在发展不成熟的中小企业比较流行。

5.4.2　企业规模与内部审计外包形式

内部审计,是服务于管理部门的一种独立的检查、监督和评价活动,它既可用于对内部控制制度的充分性和有效性进行检查、监督和评价,又可用于对会计及相关信息的真实性、合法性、完整性,对资产的安全性、完整性,对企业自身经营业绩、经营合规性进行检查、监督和评价。因此,企业选择内部审计外包服务的内容就比较宽泛。最初,内部审计的外包服务包括审查新的计算机系统、审计现有的EDP系统、舞弊调查、进行成本研究、评价特定的内部控制系统等,后来逐渐发展到将所有业务整体外包出去的"全外包协议"。显然,内部审计外包服务的范围从一开始就既包含财务审计,也包含管理审计。而2000年美国SEC(美国证券交易委员会)规定,业务审计都可以外包,但与内部会计控制、财务系统、财务报表有关的内部审计,如果客户公司总资产规模在2亿美元以上,会计师事务所提供的内部审计服务不得超过40%。总的说来,内部财务审计、经营审计、管理审计和风险审计都可以外包。我国中小企业推广内部审计外部化是企业经营管理的内在需要,主要是为企业增值服务,以提高企业核心竞争能力。因此,企业应着重考虑本单位的实际情况、所处行业和经营特点、企业文化以及现有内部审计的能力等方面因素,分析成本效益,权衡利弊,决定内部审计外部化的内容。

1. 小、微型企业:全外包→审计管理咨询

全外包,即将内部审计业务交与会计师事务所全权处理。小、微型企业资金缺乏、融资能力较弱,同时会计核算和财务管理水平比较低,这时生存是企业最紧要的问题,企业必须重点关注销售、生产等重要领域的工作,紧紧围绕市场、研发等业务功能来配置资源。小、微型企业对内部审计职能的需求不甚明显,对审计人员审计活动的持续性和及时性的要求也比较低。根据成本效益原则优化资源配置,将内部审计全部外包出去,这样既能节约有限的资源、集中精力于核心业务,为企业稳步发展、快速增值打好基础,又能借助注册会计师所实施的内部审计的成果发现问题,及时给予纠正以减少损失,并获得注册会计师合理的建议以完善企业组织结构、战略计划和组织行动方案,从而保证企业的可持续发展。此时,内部审计全部外包的内容主要包括注册会计师或管理咨询机构定期对企业的财务凭证、账簿、报表进行审查以查错防弊,对管理当局的投资、经营活动、各项计划的执行情况等进行检查、评价和跟踪调查,并将信息及时反馈给管理当局,定期出具审计报告,向管理层提出合理化建议。

在此过程中,小、微型企业有必要保留自己的审计或内部专职人员。随着小型企业的经营发展、业务的拓宽,长期对外包专家的依赖,内部审计外包的弊端逐步显现,内部审计外包可能不再是一种节约成本的企业行为了,企业应转而选择"审计管理咨询"。一方面,由于长期合作的稳定性,外部专家的服务可能不像承接之初那样尽心尽力;另一方面,随着外部专家对企业经营管理的深入了解,长期的合作交往会使得人员间的利益关系变得错综复杂,审计活动独立性和客观性容易受到质疑。为了不影响审计业务的效果,小、微型企业应在外包出现边际效益递减之前,将全外包模式逐步过渡到管理咨询模式,使内部审计工作处于企业内部管理层的控制下。审计管理咨询的内容主要包括会计师事务所等外包供应商帮助企业确定内审机构设置、人员数量及配备情况,并有可

能促进内审计划的形成和改进，招聘内审人员，帮助管理层定义主要的审计风险领域。这种内外结合的形式将产生极大的推动力，有利于小、微型企业快速发展和持续增值。

2．中型企业：合作内审→协力式委外

合作内审，即内外成员结合审计，内审工作由一个统一的项目和审计工作组来完成，内部审计师和外部审计师承担不同的责任。中型企业规模较大、核心业务趋于成熟，已经建立了自己的内审部门，并配备有专业素质的审计人员和审计软件设施。但是，由于其设立的内部审计部门人员缺乏丰富的执业经验以及监督、评价、提供咨询服务的能力，需要将部分高度专业化的内部审计工作外包，直接利用外部审计师的资源优势，提高内部审计效率。与此同时，通过与外部审计人员的交流与学习，建立合作内审的外包模式，逐步增强自己的内部审计力量，使内部审计人员与外部人员分工协作，共同参与企业的各项管理与监督工作。内部审计人员在与外部注册会计师的分工协作中无偿获得许多内审工作所需要的职业判断和专业知识技能，提高了内部审计人员的专业能力，也为企业节约了高额的培训费用。

在合作内审形式中，内部审计人员的主要工作是对日常性的经济活动进行监控，承担不太重要的内审辅助工作；同时，内部审计人员可以利用其信息优势将企业的一些不涉及商业机密的重要信息传递给外包审计人员，使外部审计人员对企业有一个较为全面的了解，提高其评价和建议的针对性、合理性。外包审计人员主要承担一些重要的、技术难度高或专业性强的、内部审计人员难以胜任的内部审计业务，如管理审计、经营绩效审计、信息技术审计、基建项目审计等，并协同内部审计人员形成和改进内部审计计划，进行风险评估、提供管理咨询等。当企业获得进一步发展，内部审计机构也趋于完善时，内部审计外包可能不再是一种节约成本的企业行为了。然而，草率地放弃内部审计外包，尽管节省了一些审计费用，但对中型企业做大做强、实现持续增值可能是不利的。此时企业更倾向于获得有价值的经营管理知识和经验，合作内审应慢慢过渡到协力式委外。协力式委外，即企业的首席审计师处于内审的主导地位，利用服务或咨询公司的专业外部服务人员的技能和资源，补充内审人员业务处理能力等方面的不足。引入协力式委外的外包模式，既能保证企业管理层对内部审计的主导地位，又不放弃利用外部智力资源为企业提供增值服务，有利于中型企业的可持续发展。

可见，中小企业实施内审外包符合企业长期发展战略，是一种适合中小企业发展的战略化模式，为我国中小企业在全球化竞争环境中突破发展瓶颈，提高核心竞争力，快速、持续、动态地实现增值创造条件。当然，具体形式的选择上并不是绝对的，应根据企业自身发展情况，治理结构的成熟度选择合适的外包形式，充分发挥内部审计外包的优势，有效地避免内部审计外包的固有缺陷。

5.5　内部审计外包管理

实施内部审计外包后，企业面对的就不仅仅是企业内部的审计人员，还包括外包服务提供商，这样就增加了企业的运作风险。对于外包之后的风险，如果企业不能很好地甄别并加以控制，那么企业不仅不能从外包活动中获益，还有可能面临难以估量的损失。因此，对整个外包活动的管理制订相应的计划就显得格外重要，它直接关系到整个外包工作的成败，是整个外包工作的关键所在。中小企业管理层应在整个外包过程中始终负责，确保内部控制系统得到有效运行。

制订内部审计外包管理计划主要是为了有效地管理内部审计外包过程，提升内部审计外包的效率和效果，企业应重点关注保持有效沟通、保护商业机密、提高独立性、监督外审人员、强化自身内部审计力量等方面。

（1）保持有效沟通。沟通，既包括企业员工内部必要的沟通，也包括与外部审计人员间及时有效的信息传递。在企业内部，管理层应该向企业的员工正确传达内部审计的职能来消除他们对内部审计工作的误会，让全体员工了解内部审计的职能及其将这一职能外包出去的必要性及其对本企业发展的贡献，使每个人都清楚自身应当扮演的角色，了解应该以积极的姿态去配合外部审计人员的工作，不至于使外包出现目标偏离的风险；在企业外部，管理层应确保信息在内外部人员间直接畅通无阻、完全透明，确保内外部人员在互信的基础上，对服务条款、风险控制、费用指标、利益分配机制、审计过程中发现的问题等方面积极进行交流，并尽可能在不受商业机密限制的范围内为外审人员提供真实、完整的内部资料，确保外部审计人员基于合理的信息完成内部审计程序、提供管理建议。

（2）保护商业机密。商业机密的保护是内部审计外包的决策原则，也是保证在外包过程中拥有战略上的主动权的关键因素。在内部审计外包过程中，对涉及企业核心竞争力的商业机密要加强安全保护措施，避免外部审计人员未经授权接触；同时，对允许外部人员接触的信息要得到外部外包供应商书面保证遵守职业道德规范的声明。

（3）提高独立性。内部审计作为审计体系的一支，在执行内部审计业务时，同样需要考虑独立性的影响，不仅要求法定审计业务中的审计人员保持独立性，同时也要求内部审计机构保持组织上的独立性和内部审计人员的客观性。尽管相关规章制度及组织机构都要求审计人员保持独立性，但是实际上企业内部审计的独立性经常受到干扰。由于所有权和经营权相分离，内部审计机构不可能完全独立于企业的经营者，特别是针对小企业而言，这使得内部审计虽然是作为企业的监督机构，但由于其受制于企业的经营管理者，导致内部审计业务在开展过程中内部审计的职能履行不到位，并没有发挥其应有的监督作用。将内部审计外包之后，一定程度上有效地弥补了内部审计在独立性上的缺陷，使其独立性由相对独立转变为绝对独立，极大地提高了内部审计的独立性。然而，将内部审计业务外包也可能会影响法定审计业务的独立性，进而可能影响到中小企业内、外部审计的质量。在内部审计外包的过程中，当承接内部审计业务的外部审计人员与企业的经营活动紧密结合、接包者的自身利益与企业利益相关联时，执业过程的独立性就会受到严重影响。在内审外包实质上对独立性的威胁方面，企业在选择外部审计人员时应要求会计师事务所出具独立性的调查报告，并在该审计人员提供服务的整个期间考察其形式上和实质上的独立性。

（4）监督外审人员。在内审外包过程中，中小企业的管理层应确保外包服务提供商精通必备的专业知识，并能结合企业的特点开展内部审计活动；监督外包供应商的运作状况，企业管理层应通过审查审计报告及其运行情况，编制监管检查报告、评价外包供应商控制措施的完备性，跟踪检查审计报告所指明的任何缺陷，审查外包供应商与内部控制有关的政策，监督外包供应商在内部审计方面的人事变动，实施现场监督检查等；定期或不定期地评估外包供应商提供的内部审计服务质量，确定这些报告是否准确，及时追查内部审计发现的问题，评估外包供应商加强内部审计工作水准的计划，评价外包供应商支持和增强企业战略导向的能力等；检查合同遵守情况，确定是否有必要根据企业需要对某些条款进行修改，并保留与合同遵守、修改和争议解决相关的档案记录等。

（5）强化自身内部审计力量。在外包过程中，企业还应该有意识地培养自身的专业人员，吸收招募一些优秀人才，并加强对这些人员的培训，使他们能慢慢参与到外部审计人员的工作中，逐步把握主动权，才能有效防止过分依赖外部资源的被动局面。随着企业的成长和自身审计人员队伍的壮大，逐渐具备自审能力，并根据在外包过程中遇到的问题、可能存在的风险情形，不断总结内部审计外包给企业带来的利弊，努力做到趋利避害。随着中小企业的发展，适时地调整内部审计策略以及内部审计外包的形式，使得内外部资源达到动态的和谐统一，为企业实现价值增值发挥积极作用。

本章小结

（1）内部审计外包是指管理层将本企业的内部审计职能全部或部分委托给外部的会计师事务所或其他专业人员实施。

（2）内部审计外包的优势包括：有利于内部审计与外部审计的协调；有利于提高内部审计与外部审计的质量；有利于增强内部审计的独立性；有利于公司降低风险；有利于拓宽会计师事务所的业务范围。

（3）企业在实施内部审计外包时，应当选择与企业核心战略没有太多关联的内审领域实施外包，而对于那些涉及企业战略发展方向和核心机密的内部审计内容则不适合交由外部代理机构来实施。内部审计外包的具体内容包括财务审计、业务经营审计、项目审计、系统审计和风险审计。

（4）内部审计外包主要包括以下四种形式：补充外包、审计管理咨询、内外合作审计和全部外包。

（5）企业需要依据自身情况对内部审计外包的内容和形式进行选择。小、微型企业可选择全外包→审计管理咨询的形式；中型企业可选择合作内审→协力式委外的形式。

（6）对内部审计外包活动制订管理计划非常重要，企业应重点注意保持有效沟通，保护商业机密，提高独立性，监督外审人员，强化自身内审力量。

财务顾问外包

【学习目标】

1. 了解财务顾问所包含的业务;
2. 掌握融资咨询包含的内容;
3. 掌握投资咨询包含的内容;
4. 理解财务管理咨询包含的内容。

【案例引导】

某美资企业的财务顾问外包

某美资企业主要从事门窗的生产加工和对外出口业务。自 2002 年成立以来,该企业一直有 6 名专职财务人员。公司业务规模很大,年销售收入达 1.2 亿元,但是利润却很低。经企业总部财务审计后,发现该企业存在存货管理混乱、往来账务不清、内部控制不健全、成本核算不实、纳税申报出现错误、出口退税延迟导致税金无法挽回等问题。

经过对多家财务公司进行筛选,该企业决定进行财务顾问外包。接包的宜久财务公司经过对公司业务流程及内部控制制度的了解,制订并辅导实施了以下步骤:

(1) 根据公司业务流程,结合财务管理的特点,重新规划并使用了现代化管理软件 (ERP),并进行了相关培训;重新规划了财务工作岗位和职责;重新制订了成本核算流程;使财务管理与企业的业务通过 ERP 软件紧密结合。

(2) 重新规划企业内部控制制度,及时有效进行授权管理、物质管理、资金管理。

(3) 根据企业的财务管理和业务管理特点,除资金管理、账款催收外的其他财务项目全部由宜久财务公司外包服务,具体包括成本核算、记账报税、往来账款、内部财务监控、税收筹划、出口退税业务等。

通过以上规划,帮助企业实现了财务管理的几个控制点,达到了管理层的要求。

(1) 人员精简,实现了员工保密和财务业务独立性。原来该企业共有财务人员 6 人,按照新的流程规划,财务人员只保留了 2 人,其余业务全部交由财务公司处理,节约了人力成本;同时,因为宜久财务公司员工不隶属于客户,所以在各种制度的监控执行和业务的保密性上更能够保持中立和独立,减少了公司之前的制度不严谨、有制度不执行、信息不通畅等弊端。

(2) 专业服务。本次接包的财务公司指派的外包项目小组负责人是具有多年大型生产型财务管理经验的注册税务师,在生产型企业内部控制制度、税收筹划等方面为企业进行了标准设定，为公司提供了标准的专业化管理。

（3）外包实现的企业管理增值。本次财务外包规划及培训历经 6 个月，执行 2 年的时间，为美资企业创造了直接和间接的经济效益。其中直接经济效益包括：税收筹划及优惠政策退税 330 万元；成本合理筹划节约流动资金 700 万元；库存管理明晰，盘活资产 520 万元；加强企业往来款项账龄分析，盘活资金 1 600 万元；经投资分析对比，建议外包加工，节约固定资产投资资金 1 000 万元。此外，不计其他人力资源节约，间接创造经济效益 1 500 万元以上。该项外包实践实现了美资企业通过财务外包加强企业财务管理、节约成本、提高效益的设想。

（资料来源：百度文库案例）

6.1 财务顾问业务概述

6.1.1 财务顾问业务的概念

财务顾问业务是指特定专业机构根据客户的自身需求，站在客户的角度，利用公司的产品和服务及其他社会资源，为客户的日常经营管理、投融资、财务管理和对外资本运作等经济活动进行财务策划和方案设计等。根据双方约定的财务顾问服务范围和服务方式，专业机构可以为企业提供日常咨询服务和专项顾问服务。

根据业务性质不同，为企业提供财务顾问业务的专业机构包括会计师事务所、财务咨询公司、商业银行、证券公司等。

6.1.2 财务顾问业务的内容

从广义上说，财务顾问业务是指专业财务服务机构按照客户企业的需要，为企业的改制（包括管理层收购 MBO）、投资融资（公募和私募）、财务管理、资本运作、资产及债务重组、企业发展战略等日常活动提供的咨询、设计等服务。

以会计师事务所为例，其作为财务外包服务提供商，充分利用自身专业优势，积极为企业提供如下财务顾问业务：

（1）指导企业负责人合理组织与管理财务会计工作。在我国，目前不少民营企业的所有权和经营权没有真正分离，企业主自身直接参与经营管理。但是，由于其自身缺乏必要的财务会计知识，无法对企业的财务会计工作进行科学合理的组织与管理，急需财务顾问的指导筹划。对此，会计师事务所的专业人员可以为企业负责人有针对性地提供指导服务，与企业负责人积极进行沟通，为其介绍最新的现代企业经营管理信息，逐步引导他们转变经营理念，合理组织企业的财务会计工作，以更好地适应市场经济发展的需要。

（2）指导会计人员规范会计核算。不少企业外聘财务顾问的直接原因是本企业内部的财务会计人员素质不高，经验不足。因此，指导企业的财务会计人员准确完整地开展会计核算工作，规范其核算程序，以更好地发挥财务会计在企业生产经营中的重要作用，是企业财务顾问的一项重要任务。

（3）帮助企业做好税收筹划。节约税收成本，合理规避涉税风险是现代企业外聘财务顾问的又一重要原因。现在，不少民营企业经营规模在不断扩大，会计核算和财务管理工作的开展却显得十分滞后，且提供的对外会计信息内容不够真实和完整，这就加大了税收成本和涉税风险。随着我国会计和税收法规的不断完善，会计核算资料已经成为计算税收的重要的直接依据。因此，做好企业的纳税筹划必须要从规范会计核算入手，会计师事务所和财务公司等专业财务服务机构理所当然成为担任纳税咨询顾问的首选。

（4）帮助企业协调股东利益。目前，许多企业普遍存在内部治理结构不完整、治理机制不规范的现象。股东大会、董事会和监事会的权利与责任不明确，制衡机制严重缺失，因此，股东之间经常发生利益摩擦，如何协调股东利益逐渐成为财务顾问的又一重要任务。

（5）会计师事务所财务顾问业务的服务内容还包括培训财务会计人员，建立并完善企业内部控制，企业重组等重大事项的政策法规解答和《中华人民共和国公司法》等相关法规的咨询等。

6.2 投融资咨询

投融资咨询就是从融资和投资两个方面为企业提供的咨询服务。投资和融资是企业财务活动的两个重要组成部分。企业从事经营活动，首先必须解决的是通过什么方式、在什么时间、进行多大规模的融资。企业融资的目的是为了把资金用于生产经营活动以取得盈利，不断增加企业价值。企业把融资得到的资金用于购置自身经营所需的固定资产、无形资产等，就形成了企业的对内投资；企业把筹集到的资金投资于其他企业的股票、债券，与其他企业联营进行投资以及收购另一个企业等，就形成企业的对外投资。

6.2.1 融资咨询

企业的融资需求主要来自两个方面：一是满足企业自身生产发展的需要；二是满足企业对外进行投资的需要。融资咨询主要是帮助企业解决融资活动过程所面临的一系列问题，主要是接包商根据企业自身情况合理规划融资方式、融资规模等等。在进行融资活动时，接包的咨询人员首先要预测企业需要多少资金，通过什么方式融资，是通过发行股票取得资金还是向债权人借入资金，两种资金的比例应为多少等。假设公司决定借入资金，那么应该发行债券还是从银行借入资金？资金应该是长期的还是短期的？资金的偿付是固定的还是可变的？这些都是融资咨询要解决的问题。融资咨询人员面对这些问题时，一方面要保证筹集的资金能满足企业经营与投资的需要；另一方面还要使融资的风险在企业的掌控之中，一旦外部环境发生变化，企业不至于由于偿还债务而破产。

6.2.1.1 确定融资规模

由于企业融资需要付出成本，因此企业在融资时首先要确定企业的融资规模。融资过多，可能造成资金闲置浪费，增加融资成本，或者导致企业负债过多，使其无法承受，偿还困难，增加经营风险；而企业融资不足，又会影响企业融资计划及其他业务的正常开展。因此，企业在进行融资决策之初，要根据企业对资金的需要、企业自身的实际条件以及融资的难易程度和成本情况，量力而行地确定企业合理的融资规模。在实际操作中，企业确定融资规模一般可使用定性预测法、经验法和财务分析法。

1. 定性预测法

定性预测法是指利用直观的资料，依靠个人的经验和主观分析、判断能力，预测未来资金需要量的方法。这种方法通常在企业缺乏完备、准确的历史资料的情况下采用。其预测过程为：首先由熟悉财务过程和生产经营情况的专家根据过去所积累的经验进行分析判断，提出预测的初步意见；然后通过召开座谈会或发出各种表格等形式，对上述预测的初步意见进行修正补充。如此一次或数次从而得出预测的最终结果。

2. 经验法

经验法主要有因素分析法和回归分析法两种。因素分析法又称分析调整法，是以有关资本项目上年度的实际平均需要量为基础，根据预测年度的经营业务和加速资本周转的要求进行分析调整，来预测资本需要量的一种方法。这种方法计算比较简单，但是预测结果精确度不高，因此常用于测算企业全部资本的需要额，也可以用于对品种繁多、规格复杂、用量较小、价格较低的资本占用项目的预测。采用这种方法时，首先应在上年度资本平均占用额的基础上，提出其中呆滞积压等不合理占用部分，然后根据预测期的经营业务和加速资本周转的要求进行预测。因素分析法的基本模型为

资本需要额 =（上年度资本实际平均占用额 − 不合理平均占用额）×

（1 ± 预测年度销售增减的百分比）×（1 ± 预测期资本周转速度变动率）。

例 6 − 1 某企业上年度资本实际平均占用额为 1 500 万元，其中不合理平均占用额为 100 万元，预计本年度销售增长 8%，资本周转速度加快 2%，则预测年度资本需求量为

（1 500 − 100）×（1 + 8%）×（1 − 2%）= 1 481.76（万元）。

回归分析法是先基于资本需要量与某个营业业务量（如销售量、销售收入）之间存在线性关系的假定建立数学模型，然后根据历史有关资料，用线性回归方程确定参数预测资金需要量的方法。其预测模型为

$$Y = a + bX,$$

式中，Y 为资本需要总额；a 为不变资本总额；b 为单位业务量所需要的可变资本额；X 为经营业务量。

不变资本是指在一定的营业规模内不随业务量变动的资本，主要包括为维持营业而需要的最低数额的现金、原材料的保险储备、必要的成品或商品储备，以及固定资产占用的资本。可变资本是指随营业业务量变动而同比例变动的资本，一般包括在最低储备以外的现金、存货、应收账款等所占用的资本。

3. 财务分析法

财务分析法是指通过对企业财务报表的分析，判断企业的财务状况与经营管理状况，从而确定合理的融资规模。由于这种方法比较复杂，需要有较高的分析技能，因而一般在融资决策过程中存在许多不确定性因素的情况下运用。使用这种方法确定融资规模，一般要求企业公开财务报表，以便资金供应者能根据报表确定提供给企业的资金额，而企业本身也必须通过报表分析确定可以筹集到多少自有资金。其中最常用的为营业收入比例法。

营业收入比例法是根据营业业务与资产负债表和利润表项目之间的比例关系，预测各项目资本需要额的方法。例如，某企业每年为销售100元货物，需有20元存货，存货与营业收入的比例是20%（20/100）。若营业收入增加至200元，那么，该企业需有40元（200×20%）存货。由此可见，在某项目与营业收入比例既定的前提下，就可以预测未来一定销售额下该项目的资本需要额。

营业收入比例法的主要优点是能为财务管理提供短期预计的财务报表，以适应外部融资的需要，并且易于使用。但这种方法也有缺点，如果有关项目与营业收入的比例与实际不符，据此进行预测就会形成错误的结果。因此，在有关因素发生变动的情况下，必须相应地调整原有的销售百分比。

运用营业收入比例法，一般要借助预计利润表和预计资产负债表。通过预计利润表预测企业留存利润这种内部资本来源的增加额；通过预计资产负债表预测企业资本需要总额和外部融资的增加额。

6.2.1.2 确定融资方式

企业在确定融资方式时，首先要根据企业内部融资与外部融资的不同性质优先考虑企业自有资金，然后再考虑外部融资。企业融资数额的多少，通常要考虑企业自身规模大小、实力强弱以及企业处于哪一个发展阶段，并结合不同融资方式的特点来选择适合本企业发展的融资方式。比如，对已获得较大发展、具有相当规模和实力的股份制企业，可考虑在主板市场发行股票融资；属于高科技行业的中小企业可考虑到创业板市场发行股票融资；一些不符合上市条件的企业则可以考虑银行贷款融资。再如，对初创期的小企业，可选择银行贷款融资；如果是高科技型的小企业，可考虑风险投资基金融资；如果企业已发展到相当规模，可发行债券融资，也可考虑通过并购重组进行企业战略融资。

1. 大型企业的融资方式

一般来说，大型企业主要有银行贷款、股票筹资、债券融资、融资租赁、典当融资、国际市场开拓资金等融资方式。

1）银行贷款

银行是企业最主要的融资渠道。按资金使用性质可分为流动资金贷款、固定资产贷款和专项贷款三类。专项贷款通常有特定的用途，其贷款利率一般比较优惠。贷款分为信用贷款、担保贷款和票据贴现。

2）股票筹资

股票具有永久性，无到期日，不需归还，没有还本付息压力等特点，因而筹资风险较小。股票市场可促进企业转换经营机制，真正成为自主经营、自负盈亏、自我发展、自我约束的法人实体和市场竞争主体。同时，股票市场为资产重组提供了广阔的舞台，有利于优化企业组织结构，提高企业的整合能力。

3）债券融资

企业债券，也称公司债券，是企业依照法定程序发行、约定在一定期限内还本付息的有价证券，表示发债企业和投资人之间是一种债权债务关系。债券持有人不参与企业的经营管理，但有权按期收回约定的本息。在企业破产清算时，债权人优先于股东享有对企业剩余财产的索取权。企业债券与股票一样，同属有价证券，可以自由转让。

4）融资租赁

融资租赁是通过融资与融物的结合，兼具金融与贸易的双重职能，对提高企业的筹资融资效益、推动与促进企业的技术进步有着十分明显的作用。融资租赁包括直接购买租赁、售后回租以及杠杆租赁。此外，还有租赁与补偿贸易相结合、租赁与加工装配相结合、租赁与包销相结合等多种租赁形式。融资租赁业务为企业技术改造开辟了一条新的融资渠道，采取融资融物相结合的新形式，提高了生产设备和技术的引进速度，还可以节约资金使用，提高资金利用率。

5）典当融资

典当是以实物为抵押，以实物所有权转移的形式取得临时性贷款的一种融资方式。与银行贷款相比，典当贷款成本高、贷款规模小，但典当也有银行贷款所无法相比的优势。例如，第一，与银行对借款人的资信条件近乎苛刻的要求相比，典当行对客户的信用要求几乎为零，典当行只注重典当物品是否货真价实。而且一般商业银行只做不动产抵押，而典当行则可以动产与不动产质押二者兼为。第二，到典当行典当物品的起点低，千元、百元的物品都可以当。与银行相反，典当行更注重对个人客户和中小企业服务。第三，与银行贷款手续繁杂、审批周期长相比，典当贷款手续十分简便，大多立等可取，即使是不动产抵押，也比银行要便捷许多。第四，客户向银行借款时，贷款的用途不能超越银行指定的范围；典当行则不问贷款的用途，钱使用起来十分自由。周而复始，大大提高了资金使用效率。

6）国际市场开拓资金

国际市场开拓资金主要来源于中央外贸发展基金。它主要支持的内容是：境外展览会、质量管理体系、环境管理体系、软件出口企业和各类产品认证、国际市场宣传推介、开拓新兴市场、培训与研讨会、境外投标等，对面向拉美、非洲、中东、东欧和东南亚等新兴国际市场的拓展活动，优先支持。

2. 中小企业的融资方式

相对而言，中小企业常用的融资方式主要包括银行承兑汇票、不动产抵押、股权转让、提货担保、P2C互联网小微金融融资平台等。

1）银行承兑汇票

中小企业融资双方为了达成交易，可向银行申请签发银行承兑汇票，银行经审核同意后，正式受理银行承兑契约，承兑银行要在承兑汇票上签上表明承兑字样或签章。这样，经银行承兑的汇票就称为银行承兑汇票。银行承兑汇票具体说是银行替买方担保，卖方不必担心收不到货款，因为到期买方的担保银行一定会支付货款。

银行承兑汇票对中小企业融资的好处在于企业可以实现短、频、快融资，有效降低企业财务费用。

2) 不动产抵押

不动产抵押融资是目前市场上中小企业运用最多的融资方式。在进行不动产抵押融资时，企业一定要关注国家关于不动产抵押的法律规定，如《中华人民共和国担保法》《中华人民共和国城市房地产管理法》等，避免上当受骗。

3) 股权转让

股权转让融资是指中小企业通过转让公司部分股权而获得资金，从而满足企业的资金需求。中小企业进行股权出让融资，实际是想引入新的合作者，是吸引直接投资的过程。因此，股权出让对出让对象的选择必须十分慎重而周密，否则，企业可能会失去控制权而处于被动局面。建议企业家在进行股权转让之前，先咨询公司法专业人士，并谨慎行事。

4) 提货担保

提货担保融资的优势主要在于可以把握市场先机，减少企业资金占压，改善现金流量。这种贸易融资适用于已在银行开立信用证，进口货物已到港口，但单据未到，急于办理提货的中小企业。进行提货担保融资的企业一定要注意，一旦办理了提货担保手续，无论收到的单据有无不符点，企业均不能提出拒付和拒绝承兑。

5) P2C 互联网小、微金融融资平台

P2C 借贷模式中，中小企业为借款人，但企业信息及企业运营相对固定，有稳定的现金流及还款来源，信息容易核实，同时企业的违约成本远高于个人，要求必须有担保、有抵押，安全性相对更好。投资者可以受益于众筹理财的高年化收益，借款企业可以实现低融资成本和灵活的借款期限，还可使借款使用效率更为显化。同时，借款周期和项目周期更加匹配。

6.2.2 投资咨询

自 20 世纪 60 年代中期后大多数国家的经济都获得了迅速发展。面对越来越激烈的市场竞争，企业的投资风险不断增大。在企业内部也发生了许多变化，运营形式多变，管理和运营资金变得更加复杂。在这种背景下，企业对投资的管理越来越重视，针对企业的投资咨询服务应运而生。

进行投资活动时，由于企业的资金是有限的，因此应尽可能将资金投放在能带给企业最大收益的项目上。由于投资通常在未来才能获得回报，因此为企业进行投资咨询时，不仅要分析投资方案的资金流入与资金流出，同时还要分析公司为获得相应的报酬还需要等待多久。当然，获得回报越早的投资项目越好。另外，投资项目很少是没有风险的，一个新的投资项目可能成功，也可能失败。因此，需要找到一种方法对这种风险因素加以计量，从而判断选择哪个方案，放弃哪个方案，或者是将哪些方案进行组合。

根据投资目的的不同，投资可分为金融投资、产业投资和套期保值。相应地，投资咨询也分为金融投资咨询、产业投资咨询和套期保值咨询。

企业进行金融投资的目的是为短期的闲置资金寻找获取收益的机会，提高企业资产的流动性，增强企业的偿债能力。为此，企业通过在金融市场上购买股票、债券等有价证券的方式实现目标，投资目标通常是通过资本利得形式实现的。

产业投资是企业分散经营风险、实现企业扩张的重要手段。一家企业或公司的经营是否成功，其标志之一是看其是否在经营过程中获得了发展，而发展的具体体现包括了向外的扩展，这就是通过投资新的生产项目，兼并、收购其他企业，进行公司重组等方式将货币资金转化为产业资本。

套期保值是企业为规避外汇风险、利率风险、商品价格风险、股票价格风险、信用风险等，在衍生品市场指定一项或一项以上套期工具，使套期工具的公允价值或现金流量变动，预期抵消被套期项目全部或部分公允价值或现金流量变动风险的一种交易活动。通常，加工类企业和进出口企业对套期保值交易的需求较大。

6.2.2.1 金融投资咨询

1. 为企业进行金融投资咨询时，金融咨询人员的工作职能

（1）为决策者提供科学合理的建议。金融咨询从业者本身通常不参与决策，但是他们可以弥补决策者职责与能力的不足。根据决策者的委托，咨询从业者可以利用自己的专业知识、实践经验和已掌握的调查资料，为决策者提供一种或多种可供选择的合理的建议或方案、信息等，从而减少决策失误。这里的决策者可以是企业内各级领导或部门负责人。

（2）保证金融业务的顺利实施。由于客户办理业务具有一次性的特点，而且在业务实施过程中有众多的运营管理工作，客户通常欠缺投资理财、资源管理等技能。金融咨询从业人员可以运用自己专业化的知识和经验，根据客户需求与客户实际，由他们负责对客户实施柜台外全过程的业务咨询、引导、解释、帮助、策划等工作，有的放矢地处理应变事务，帮助客户明确目标、理清思路、熟悉商业银行最新业务品种、掌握操作流程，以便有效地让客户减少误区、克服盲点、增强安全意识、享受增值服务，保障商业银行网点运营业务的顺利开展。

（3）为客户提供信息和先进的技术支持。由于金融咨询从业人员拥有大量的信息、知识、经验和先进的技术，可以随时根据客户需要提供信息和技术援助，弥补客户在经济信息方面的不足。通过咨询，不仅可以疏通运营环境，方便业务工作的顺利开展，而且可以利用其金融知识、网络与经济信息，为客户提供增值服务，提升咨询企业的社会形象，产生积极的社会效果。

2. 金融咨询从业者需要具备的综合素质

（1）知识面宽。除了要掌握金融的专业知识、了解世界和国家宏观经济政策、经济发展趋势外，还应熟悉有关的经济、管理、金融、法律、证券、保险、经纪、期货、债券、投资等方面知识，并较熟悉项目融资、投资基金、金融信用、债市与股市行情、外

汇买卖知识等操作技巧。

（2）精通业务。首先意味着要具有实际动手能力。不仅要会做，而且要做得对、做得好、做得快，这需要丰富的实践经验做支撑。此外，当今计算机信息技术的应用和外语已成为必要的金融工作技能，金融咨询从业人员在这两方面也无疑应当是强手。

（3）协调管理能力强。金融咨询不是自己在营业柜台内办理业务，而是组织、管理、引导客户或其他人员去做，不仅涉及本银行各方面人员的协调工作，还要经常主动出击目标市场与客户群，与客户发生全方位的联系，理清工作思路，灵活处理各种临时问题。不仅需要专业技术和理论知识，还需要具有组织、协调、管理能力。这表明金融咨询从业者不仅应当是经济、金融专家，而且要成为组织管理、策划、理财专家。

（4）不断进取，勇于开拓。科学技术的发展日新月异，决定了新思想、新观念、新理论、新技术、新产品、新方法层出不穷，这就对金融咨询不断提出新的挑战。金融咨询人员必须及时更新知识，掌握全球经济金融发展进程，勇于开拓新的业务领域、业务品种和目标客户群体，才能顺应市场经济繁荣发展的趋势。

企业进行金融投资与个人投资者进行金融投资相比较，更加注重资金的安全性，这就要求咨询人员将资金的保值作为首要投资目标，在此基础上了解企业可投资资金的规模大小、企业的投资期限、投资获益目标、资金承受风险的能力等方面，进一步制订企业的投资规划和投资过程中的风险监管措施。

6.2.2.2 产业投资咨询

产业投资是指按照资产组合原理以非上市公司的股权或上市公司非公开交易的股权为主要投资对象的投资，因此有时也称作股权投资。与金融投资最大的不同在于：金融投资的主要投资对象是二级市场上公开交易的有价证券，而产业投资主要投资还未在二级市场上公开交易的股权。目前，这部分的投资咨询主要由私募股权投资基金（private equity，PE）来承接，主要投资对象为一些有丰富的稳定的现金流的成熟企业，这些企业符合投资的安全性标准。

产业投资注重的是被投资公司长期的增长性，因此投资期较长。产业投资的投资过程是进行投资、创造收益的过程，包括项目筛选（screening）、评估（evaluation）、谈判和交易设计（deal structure）和投资后管理（past-investment activities）四个阶段。

1. 投资过程

项目筛选是投资成功的首要因素。项目通过了初选后，产业投资基金管理者就要对该项目进行全方位的考察，包括对项目的技术水平、市场潜力、资金供给、管理人员的素质乃至政策、法律等因素的可行性评估。如果项目经过评估后被认为是可行的，基金管理者与潜在的受资企业就会在投资数量、投资形式等方面进行谈判，确定投资项目的一些具体条件，并就相关方面达成最终协议，同时开始对投资的运营与管理进行实质性的对策设计。与受资企业达成某种协议以后，基金管理者就要承担合伙人和合作者的职责，按投资协议和投资计划投入资金，同时对投入的资金进行全方位的监管，从各个方面对受资企业的经营管理进行不同程度的参与。这是最重要的一个环节，决定产业投资基金最终的成败。

2. 退出过程

产业投资基金的退出是指投资机构在其所投资的企业发展相对成熟之后，将其持有的权益资本在市场上出售以收回投资实现收益的过程。产业投资基金的退出安排是整个投资的核心环节，良好的退出机制可以使基金具有良好的流动性，并实现价值和收益，同时帮助投资机构及时止损，规避风险。产业投资基金的退出可以评价投资活动，体现投资价值。产业投资基金的投资对象通常为未公开上市的企业，所以，简单地通过股价和日常财务体系就不能准确地衡量核算投资价值，通过退出时的资本增值可以有效对投资活动进行价值发现、核算和评价。除此以外，产业投资基金的退出可以规避投资风险，促进投资的有效循环。

与一般投资活动相比，产业投资基金在投资中具有相对较高的风险。高风险决定了基金在资本运作中要注意分散风险，并要求更高的资本回报。并非所有的投资都可以获得预期收益，当投资失败，投资者可能面临无法获得收益或损失本金的可能性。及时退出可以帮助投资机构及时止损，使损失降到可能的最低水平。产业投资基金的目的在于最终将企业出售以获利，实现本金的增值，适时将股权转化为流动性，再选择新的企业和项目进行投资、培育，进行新一轮投资。

产业投资基金的退出方式有首次公开发行(IPO)、股权转让和破产清算三类。

(1) 首次公开发行(IPO)。是指在被投资企业经营达到理想状态时，以融资为目的，向非特定社会公众进行首次公开发行股票的行为。通常而言，是投资机构最理想的退出方式。对于投资机构而言，可以将产业投资基金所持有的不可流通的企业股份转变为可以上市流通的股票。从投资机构的角度看，这可以使机构获得比较好的声誉；从被投资企业管理层的角度来看，企业上市保住企业自身的独立性的同时，也获得了可在资本市场上继续融资的途径。

(2) 股权转让。是除IPO外投资机构实现退出的另一个重要方式。一般来说，股权转让分为并购、股权回购和二次出售三种方式。并购是指企业兼并和收购，是一家企业用现金或者有价证券获得对另一家企业的控制权。对于企业来说，并购可以通过企业间的协同效应，有效降低成本，整合各种资源，分散投资风险，使企业规模扩大，增强企业的整体竞争力。并购一般有横向并购、纵向并购和混合并购三种形态。股权回购是指创业企业或创业企业的管理层通过现金、票据等有价证券向股权投资机构回购企业股份，从而使股权投资机构实现退出的行为。

(3) 破产清算。在实际操作中，由于产业投资具有高风险的特征，很多投资项目并不能达到预期收益，或投资机构认为企业失去了发展的可能性或成长速度过慢、回报过低，甚至可能投资项目失败、面临破产。在这种情况下，破产清算成为股权基金最不得已的退出方式。破产清算可以减少继续经营带来的风险和损失，及时止损，保证收回现有的资本余额，以便尽快发掘新的市场机会。破产清算是股权投资机构投资失败后采取的最后策略，通过破产清算退出，投资机构要承担惨重的经济损失和声誉伤害。

6.2.2.3 套期保值咨询

加工生产企业会面临原材料价格上涨的风险，而进出口企业常面临外汇汇率频繁变动带来的收益不确定性。这两种风险都可以利用在期货(或远期)市场做套期保值进行风险对冲。套期保值对于加工企业的作用相当于为企业的原材料、产成品买了保险，而对于进出口企业的作用相当于为外汇的汇率波动买了保险。对于接包企业来说，套期保值咨询就是为发包企业设计合适的套期保值品种以及交易方向和交易数额等。

套期保值的基本特征是，在现货市场和期货市场对同一种类的商品同时进行数量相等但方向相反的买卖活动，即在买进或卖出现货的同时，在期货市场上卖出或买进同等数量的期货，经过一段时间后，当价格变动使现货买卖上出现盈亏时，其盈亏可由期货交易上的亏盈得到抵消或弥补。从而在"现"与"期"之间、近期和远期之间建立一种对冲机制，以使价格风险降到最低。

套期保值的理论基础可以概括为，由于现货和期货两个市场受同一供求关系的影响，二者价格同涨同跌，现货和期货市场的走势趋同（在正常市场条件下）。如果在两个市场上进行相反的操作，则在这两个市场上的盈亏相反，期货市场的盈利（亏损）可以弥补现货市场的亏损（盈利）。

套期保值的交易原则包括：交易方向相反原则；商品种类相同原则；商品数量相等原则；月份相同或相近原则。

企业利用期货市场进行套期保值交易实际上是一种以规避现货交易风险为目的的风险投资行为，是结合现货交易的操作。

1. 买入套期保值

对于加工企业来说，买入套期保值通常是企业因担心原材料价格上涨而买入相应期货合约进行套期保值的一种交易方式，即在期货市场上首先建立多头交易部位（头寸），在套期保值期结束时再对冲掉的交易行为，因此也称为多头保值。买入套期保值的目的是锁定原材料的买入价格，规避价格上涨的风险。

例6-2 2010年9月，某油厂预计11月份需要100吨大豆作为原料。当时大豆的现货价格为每吨2010元，该油厂对该价格比较满意。据预测11月份大豆价格可能上涨，因此该油厂为了避免将来价格上涨导致原材料成本上升的风险，决定在大连商品交易所进行大豆套期保值交易，交易情况如表6-1所示。

表6-1 油厂买入套期保值

	现货市场	期货市场
9月份	大豆价格2010元/吨	买入10手11月份大豆合约，价格为2090元/吨
11月份	买入100吨大豆，价格为2050元/吨	卖出10手11月份大豆合约，价格为2130元/吨
套利结果	亏损40元/吨	盈利40元/吨

套期保值的最终结果是企业净获利为 $40 \times 100 - 40 \times 100 = 0$。

从该例可以得出：第一，完整的买入套期保值涉及两笔期货交易。第一笔为买入期货合约，第二笔为在现货市场买入现货的同时，在期货市场上卖出对冲原先持有的头寸。第二，因为在期货市场上的交易顺序是先买后卖，所以该例是一个买入套期保值。第三，通过这一套期保值交易，虽然现货市场价格出现了对该油厂不利的变动，价格上涨了 40 元/吨，因而原材料成本提高了 4 000 元；但是在期货市场上的交易盈利了 4 000 元，从而消除了价格不利变动的影响。如果该油厂不做套期保值交易，现货市场价格下跌它可以得到更便宜的原料，但是一旦现货市场价格上升，它就必需承担由此造成的损失。相反，它在期货市场上做了买入套期保值，虽然失去了获取现货市场价格有利变动的盈利，但同时也避免了现货市场价格不利变动的损失。因此可以说，买入套期保值规避了现货市场价格变动的风险。

2. 卖出套期保值

卖出套期保值是为了防止现货价格在交割时下跌的风险而先在期货市场卖出与现货数量相当的合约所进行的交易方式。通常，农场主为防止收割时农作物价格下跌，矿业主为防止矿产开采以后价格下跌，经销商或加工商为防止货物购进而未卖出时价格下跌的情形下可以采取卖出套期保值方式。这一套期保值方式即在期货市场上先开仓卖出相应的期货合约，待下跌后再买入平仓的交易行为，因此又称为空头保值。卖出套期保值的目的是锁定卖出价格，规避价格下跌的风险。

例 6-3　2015 年 3 月，某铜矿企业与电缆企业签订了当年 7 月份销售铜 10 000 吨的合同。据预测铜的价格有下跌趋势，该铜矿企业担心到 7 月份铜价会下跌，于是决定将售价锁定在 30 800 元/吨，因此，在期货市场上以 30 800 元/吨的价格卖出 2 000 手合约（沪铜期货每手 5 吨）进行套期保值。

到 7 月份时，铜价果然下跌到 30 000 元/吨，该铜矿企业以此价格将现货铜出售给电缆企业。同时，期货价格也同样下跌，跌至 29 500 元/吨，该铜矿企业就以此价格买回 2 000 手期货合约来对冲平仓，该铜矿企业在期货市场赚取的 1 300 元/吨，正好用来抵补现货市场上少收取的部分。这样，铜矿企业通过套期保值回避了不利价格变动的风险。交易情况如表 6-2 所示。

表 6-2　某铜矿企业的卖出套期保值交易

	现货市场	期货市场
3 月份	铜价格 31 300 元/吨	卖出 2 000 手 7 月份阴极铜合约，价格为 30 800 元/吨
7 月份	卖出 10 000 吨铜，价格为 30 000 元/吨	买入 2 000 手 7 月份阴极铜合约，价格为 29 500 元/吨
套利结果	亏损 1 300 元/吨	盈利 1 300 元/吨

套期保值交易的最终结果为净获利 1 300 × 10 000 - 1 300 × 10 000 = 0。

从该例可以得出：第一，完整的卖出套期保值同样涉及两笔期货交易。第一笔为卖出期货合约，第二笔为在现货市场卖出现货的同时，在期货市场上买入对冲原先持有的头寸。第二，因为在期货市场上的交易顺序是先卖后买，所以该例是一个卖出套期保值。第三，通过这一套期保值交易，虽然现货市场价格出现了对该铜矿企业不利的变动，价格下跌了 1 300 元/吨，但是在期货市场上的交易盈利了 1 300 元/吨，从而消除了价格不利变动的影响。

对于进出口企业来说，多是为了规避汇率变动而在远期汇率或货币期货市场上进行套期保值。在外汇风险管理中，风险对冲的基本做法是：分析未来汇率变动方向与幅度，确认以外币表示的预期净货币流入或流出量，明确公司面临的风险及风险的大小，合理选择避险工具，设计避险方案，让两种走势相反的风险相互制约，从而达到保值的目的。

例 6-4 ABC 公司在 2015 年 1 月 16 日向美国出口一批产品，应收款项 100 万美元，约定 4 月 16 日付款。外汇市场的即期汇率为 RMB 6.789/USD，3 个月远期汇率为 RMB 6.725/USD。

对于这一笔应收款项，ABC 公司可采用远期外汇市场进行风险对冲。远期外汇交易是指外汇买卖双方签订合同，约定在将来一定的日期内，按预先约定的汇率、币种、金额、日期进行交割的外汇业务活动。为避免外汇风险，ABC 公司与银行签订了一个远期合约，按 3 个月的远期汇率在远期市场卖出 100 万美元远期，3 个月后公司将收到美国进口商汇来的 100 万美元，随即在远期市场上履约交割，得到 672.5 万元人民币。远期外汇市场风险对冲的实质是"锁定"汇率，以使公司的收入不再随汇率的波动而波动。

假设 2015 年 4 月 16 日，美元对人民币的汇率为 RMB 6.745/USD，如果 ABC 公司没做远期外汇保值，可以收到 674.5 万元人民币，风险对冲的结果使收益减少了 20 000 元。如果 3 个月后美元贬值，汇率变为 RMB 6.710/USD，风险对冲可增加收益 15 000 元。不论未来即期汇率如何变动，ABC 公司都将收到 672.5 万元人民币，如表 6-3 所示。远期合约的任何外包得利与损失都将被现汇市场应收账款相应的损失或得利所抵消。

表 6-3 远期市场风险对冲的各种可能结果（2015 年 4 月 16 日）（单位：元人民币）

即期汇率 （RMB/USD）	应收账款价值	远期合约利得 （损失）	现金流量
6.745	6 745 000	-20 000	6 725 000
6.725	6 725 000	0	6 725 000
6.710	6 710 000	15 000	6 725 000

采用这种方法进行交易之前必须对未来汇率的趋势做出正确的判断预期，否则出口商进行风险对冲的收入可能低于不进行风险对冲的收入；同样，对进口商来说，进行风险对冲的成本支出可能高于不进行风险对冲的成本支出。这对于进出口公司来说存在一定的困难。为了避免这一弊端，可利用择期外汇交易来规避汇率风险。

择期外汇交易是一种交割日期不固定的外汇买卖形式，是远期外汇的一种特殊形式，属于远期外汇交易的范畴。择期的含义是客户可以在将来的某一段时间（通常是一个半月内）的任何一天按约定的汇率进行交易。起息日可以是这段时间内的任意一个工作日。择期外汇交易的程序与一般远期外汇交易的程序相同。择期外汇交易主要是为进出口商等客户提供买卖外汇的灵活性，保证即时收付汇，避免了远期外汇交易交割日期固定不变的缺点。这里，ABC 公司也可以采用外汇期货交易进行风险对冲。外汇期货交易和外汇远期交易的区别在于前者合约是标准化的，但风险对冲的基本作用大体相同。因此，上述讨论的内容也适用于外汇期货市场的风险对冲。

6.3 财务管理咨询

6.3.1 财务管理咨询概述

1. 财务管理咨询的作用

地中海沿岸的很多城市早在15—16世纪就出现了财务管理的萌芽形式，开始对资本进行合理的预测和有效的筹集。不过，直到20世纪后财务管理才成为一种独立的职业。财务管理咨询在20世纪后的100年间经历了5次飞跃性的变化，即筹资管理理财阶段、资产管理理财阶段、投资管理理财阶段、通货膨胀理财阶段和国际经营理财阶段，在我国称为5次发展浪潮。

企业在构建一切财务管理制度时，其依据的基础都是财务管理咨询。对不同的利益相关者，其财务关系的协调也必须依据财务管理制度。财务管理体制有宏观和微观层面之分。在宏观层面，所指的财务管理体制是企业外部的，以此为制度安排和规则对国资、财政、审计部门、税务与企业存在的财务关系进行协调，国际的规范文件、制度、法规和法律是其主要依据，目的就是引导和扶持市场行为；在微观层面，财务管理体制所指的就是企业内部所具有的财务管理制度，利用财务制度、契约和章程明确受托经营者和投资者，对内部财务关系进行确定。确定财务管理咨询的过程其实就是企业分配和调整财权的过程，构建财务制度和财务管理机制由此而决定。

2. 企业进行财务管理咨询的目的

财务管理咨询的本质是财务管理实践研究，即针对咨询单位的财务管理实践展开调研、分析和论证，提出财务管理方案，其主要的形式则是通过财务报表以及上市公司的业绩报表对外呈现，借助数据化的模式让每一个投资者以及管理者能够清晰地了解企业现有管理现状和资金使用状况，并由此进行合理的决策实施与制订。企业管理者聘请财务管理咨询顾问的目的可以划分为以下三类。

（1）查找问题，并提出解决方案。企业管理者在管理过程中遇到了问题，而至于具体是什么问题，管理层自身判断还不够明晰，希望通过第三方来找出问题所在，并提出解决办法。

（2）对目前存在的问题进行验证并提出解决方案。管理者知道企业目前的主要问题是什么，但对问题如何解决感到棘手，于是聘请咨询顾问就当前问题进行分析验证并提出对策。

（3）借助外力实施管理变革。管理者很清楚目前存在的管理问题，也有自己的解决问题思路与方法，但自身如果展开变革可能会导致企业大的动荡，因此借用外力来推动变革。

3. 影响财务管理咨询的关键因素

对于企业财务管理咨询而言，保证良好的会计信息无疑是其最为关键的职能之一。信息是社会最重要的经济资源之一。对于现代企业而言，会计信息代表了企业整体的财务状况，反映了某一时期企业发展过程中所存在的问题及经营绩效状况。会计信息对于企业内部管理者和外部投资者都具有积极的参考意义。通过对会计信息的了解及认知，有助于完善管理及提升投资评估有效性，保证对企业经营状况分析的准确性。让企业的决策者及管理者能够切实有效地了解、认知企业某一阶段的经营决策内容，从而由此进一步制订合理的管理方式以及发展策略，最大限度地提升企业管理的有效性，促进提升企业的竞争力，帮助企业在日益激烈的市场竞争环境下立于不败之地。

有效的会计信息并不局限于将企业的现金流向、经营成果、财务状况等简单地罗列出来，它还应将企业的实力展现给外界，使企业的号召力与影响力大幅度提高。会计信息将企业的经营内容以及发展趋势较为完整地呈献给决策者和外部投资者，使其对企业发展状况及未来的规划和可持续性有较为充分的预估与判断。因此，会计信息集中体现着企业的经营管理层次，能够提升企业经营决策的有效性与准确性。

会计信息是企业发展状况的外在表现形式，是企业的经营现状和财务情况的综合体现。企业协调生产经营活动以及实现内外部各项资源的合理分配都需要借助会计信息。企业发展不但需要结合当前企业和社会的需求，使企业内部潜力得到充分挖掘、企业外部环境资源得以充分利用、企业相关经营管理活动顺利开展和达成企业阶段性经营目标，还需要最大限度地将价廉物美的产品和服务提供给社会大众，提高企业收益。

6.3.2 财务管理咨询工作的内容

财务管理咨询的内容主要是接包方通过尽职调研收集企业内部和外部的资料和数据，再根据这些资料进行诊断分析企业财务方面现存的问题，并提出相应的解决方案。财务管理咨询工作一般包括资料收集整理、诊断分析和方案制订三个环节。

6.3.2.1 资料收集整理

资料的收集包括从企业外部和内部两个方面收集信息资料。企业外部资料的收集有助于接包方形成对企业及企业所处行业的整体认识；而企业内部资料的收集则可以使接包方发现企业存在的问题，这些资料成为接包方进行诊断分析的重要基础。

1. 外部资料的收集

从企业外部收集的资料主要包括企业所处行业的宏观环境、政策法规、管理水平、标杆流程、标准成本、产品结构、发展趋势以及对企业的新闻报道和评论、企业年度财务报告等等。企业外部资料的收集对接包方来说具有十分重要的意义。通过这些资料数据的分析整理，不但可以使接包方通过比较客户企业与行业内先进水平的企业，迅速发现客户企业改进的方向和重点，而且通过这些数据的收集和整理，还可以进一步丰富和完善事务所的资料库。

在国内，企业外部资料的收集途径主要有以下几种。

(1)阅读行业发展年鉴,了解行业基本情况。
(2)到行业协会、行业学会了解该行业内的企业资料。
(3)检索行业杂志,了解行业内的发展动态。
(4)参观行业展览会,与参展厂商代表交流,了解行业内企业的发展动态。

2. 内部资料的收集

企业的内部资料包括企业战略规划、投资计划、规章制度、操作流程、组织结构、会议记录等。这些资料对于判断分析企业内部存在的财务问题是非常重要的。

获取企业的内部信息主要有以下几个途径。

(1)企业访谈。企业访谈是咨询过程中最为有效的资料收集方法之一,一般包括对企业高层的访谈、对中层领导和员工的访谈。访谈对象不同,访谈的内容和侧重点也不尽相同。在访谈过程中要注意问题的深度和范围以及注意对被访谈者语意的理解。必须注意的是,接包方在访谈中的角色只是将所听到的内容真实地记录下来,而不应夹杂自己的任何观点和建议。

(2)问卷调查。问卷调查是了解企业实际情况和员工心声的有力工具。在涉及岗位责任考核、员工福利等方面的咨询项目时,问卷调查是必不可少的。通过对全部员工发放调研问卷,可以在短时间内迅速归纳总结出与员工个人工作密切相关的一些问题和意见。为避免大量无效问卷样本的出现,在进行问卷调查前,接包方必须对员工进行相关的培训和讲解。

(3)亲身观察。亲身观察也是获得企业内部资料的重要方法之一,特别是当接包方想充分了解企业内部的工作流程、管理制度、各种政策和计划的执行情况、员工的工作积极性等时。由于接包方每天都会深入企业内部,通过观察可以得到的信息包括:工厂、仓库和办公室的布局;操作活动、原材料和人员的流动;工作环境、工作方法、工作节奏和纪律;高级和中级管理人员、监督人员、专业人员和工人的工作态度和行为;员工与员工、部门与部门之间的相互关系。

3. 信息的整理

在资料收集与调研阶段,项目小组的成员会发现自己置身于资料和数据之中。面对大量各种各样的信息,接包方可以将收集好的资料和数据按照企业发展战略、企业管理、财务管理、研发管理、人力资源管理、信息技术管理、生产运作管理、营销服务管理等方式分类汇总,并去掉一些重复的数据和不完整的数据,把目光聚焦于与咨询服务范围密切相关的分类数据上。

6.3.2.2 项目的诊断分析

咨询项目的诊断分析阶段主要是根据已经得到的资料和数据,分析企业现存的主要问题。

在诊断分析阶段,接包方会在大量的数据、事实、文字材料和访谈记录的基础上,对企业现存问题进行有针对性的分析。如图6-1所示,在分析过程中,联合小组首先要对收集到的信息进行整理,归纳出企业现存问题的症状;同时对这些症状进行归纳,总结出企业存在的核心问题。在归纳总结过程中，对这些问题指出改进的方向。在诊断分析的过程中，必须注意将以事实、数据为基础的定量分析和以行动、观察为基础的定性分析相结合。

图 6-1　项目诊断分析的步骤

6.3.2.3　解决方案的制订与完善

方案的制订和完善阶段所要解决的问题就是分析这些问题给客户企业带来的影响，并提出解决方案来消除问题给企业带来的不利影响。同时，在解决方案中，注册会计师会指出企业可能的对策，并为客户描述采用这些措施会带来怎样的结果。在解决方案的制订过程中，应注意兼顾方案的有效性和可操作性，即方案的实施能否在一定程度上解决企业所面临的问题以及方案的实施过程是否符合企业的实际情况。为此，必须让客户参与到方案的制订过程中。在同客户的交流讨论中，可以就方案的有效性、可行性、实施风险等方面达成共识。之后，通过咨询报告的形式将解决方案和实施计划确定下来。咨询报告既是咨询服务最终、最主要的成果，也对咨询项目实施的后期具有重要的参考作用。

6.3.3　构建企业财务管理能力综合评价体系

为了更准确地评价企业具有的财务管理能力，接包方必须针对企业的财务管理能力建立相应的评价体系，并保证其合理性和科学性。可以说，构建该体系是进行财务管理能力评价的关键因素。借助于合理的企业财务管理能力评价体系能够较为全面地反映某一阶段企业财务管理业务的发展状况，帮助企业寻找薄弱环节，有针对性地提升企业的财务管理能力。

6.3.3.1　企业财务管理能力评价体系的构建原则

在企业财务管理能力指标体系的研究中，选取有效的评价指标，构建科学的指标体系，需要遵循一定的原则，使其既具有企业课题的普遍适用性，又能体现财务管理能力的价值导向。

1. 客观性原则

对企业进行财务管理能力评价时，需要对其进行定量的研究分析，以保证评价的准确度。在制订评价体系指标时使用的方法是客观的定量方法，评价的标准是企业的绝对标准，这样可以尽可能地避免评审专家的主观判断对其产生影响，只有如此才能保证评价结果具有更高的可靠性和准确性，才能保证客观地评价企业，避免出现人为倾向性的问题。

2. 全面性原则

企业业务涉及范围广，因此，在构建财务管理能力评价体系的过程中，需要考虑评价指标应具有多维全面性的特点，在全面分析企业业务后，用评价指标全面反映企业的整体情况。

3. 应用性原则

在构建企业财务管理能力评价体系时，应全面考虑企业的实际情况，选择评价指标时应考虑到指标的可靠性和可采集性，不仅要满足评价分析的需要，还要顾及它的可操作性，唯有如此才能顺利地实施评价工作。

4. 系统性原则

企业具有规模大、且有上下游课题衔接的特点，对其评价遵循系统性原则，可以体现课题的相互关联和应用的特征。在具体的评价过程中，对指标的选择，既要突出重点，又不能以偏概全，以确保能对课题做出系统、整体的评价分析。

5. 层次性原则

企业的财务管理能力评价体系构建应能充分反映各层次之间的关系，以层次间具有的递阶关系对各评价指标具有的内涵进行充分体现，进而构成相应的指标体系，保证此体系具有合理而分明的层次结构。

6.3.3.2 构建评价指标体系

（1）财务人员能力。一家企业的财务管理能力与其财务人员的综合能力与素质有直接关系，后者是前者的技术支撑。为此，要将财务人员能力水平作为一级指标。此外，通常可以把财务人员在公司决策中的地位、专业水平、学历以及人均创造价值等设置为二级指标。

（2）财务管理效果。财务管理效果是对企业财务管理能力的直接反映，它可以借助财务报告和财务数据来反映。作为一个评价指标，财务管理效果是极其实用和全面的，因为它除了能全面反映偿债、盈利和营运能力之外，还能借助财务数据实现量化，度量起来更加容易。企业进行财务管理，最终要借助财务报表表现其成果。为此，在评价企业的财务管理能力时，选择财务报表作为一级指标。此外，还应把盈利能力、营运能力、成长能力等设置为二级指标。

（3）财务风险管控能力。如果企业的财务结构不合理，或者融资过程出现问题，那么公司的偿债能力可能会丧失，进而使投资者的预期收益下降，这种风险就是财务风险。该风险主要表现为企业难以再筹资、利率变动和无法按期偿债。该风险主要包括经营、筹资和投资等基本类型的风险。在企业生产经营的整个过程中，财务风险贯穿始终，具有全面性和客观性的特点。为此，要把财务风险管控能力设为一级指标，并下设财务评价和预警体系的有效性、财务内部控制制度完整性等二级指标。

（4）产融结合能力。借助股权关系，金融部门和产业部门会出现相互渗透，其目的是为了实现金融和产业资本的转化和融合，这就是产融结合，它是市场经济不断发展的必然产物。诸如工商企业等非金融机构，它们所控制和占有的货币和实物资本就是产业资本，在实现自我增值和规模扩张之后，它变成了金融资本增值时的主要源泉和基础。诸如银行、信托和保险等金融机构，它们所控制和占有的货币和虚拟资本就是金融资本，它有力地推动了资本的增值。企业发展通过产融结合获得了足够的资金，同时企业进行外部交易时的成本下降，运营成本得到节约。对现代企业而言，产融结合具有极为重要的作用：为了分散经营风险，企业可以实行业务多元化；在融资和投资方面，产融结合为企业带来便利；利用产融结合，企业可以对资产负债结构进行调整。因此，对财务活动的实施效果，产融结合具有极大的影响。在评价企业的财务管理能力时，选用产融结合能力作为指标体系的一级指标。此外，可以把资金的控制水平、交易费用的占比、金融机构和企业的关系以及企业的投资效益作为下设的二级指标。

本章小结

（1）财务顾问业务是指专业财务服务机构按照客户企业的需要，为企业的改制（包括 MBO）、投资融资、资本运作、资产及债务重组、企业发展战略等日常活动提供的咨询、设计等服务。

（2）投资和融资是企业财务活动的两个重要组成部分。投融资咨询就是从融资和投资两个方面为企业提供咨询的服务。

（3）融资咨询主要是帮助企业解决融资活动过程所面临的一系列问题，涉及接包方根据企业自身情况合理规划融资方式、融资规模等。企业在确定融资方式时，应优先考虑企业自有资金，然后再考虑外部融资。企业确定融资规模一般可使用定性预测法、经验法和财务分析法。

（4）根据投资目的不同，投资可分为金融投资、产业投资和套期保值。相应地，投资咨询也分为金融投资咨询、产业投资咨询和套期保值咨询。

（5）企业购买财务管理咨询服务的目的可以概括为：查找问题并提出解决方案；对目前存在的问题进行验证并提出解决方案；借助外力推动管理变革。

7 财务外包的业务流程

【学习目标】

1. 掌握财务外包的业务流程；
2. 理解财务外包决策需要做的工作；
3. 了解财务外包决策需要考虑的方面；
4. 掌握选择外包接包方的方法；
5. 了解财务外包合同包含的内容。

【案例引导】

NOL 的财务外包

发包方：

海皇东方轮船公司(NOL)是新加坡一家大型海运公司，在亚洲有 150 多年的经营历史，目前是新加坡股票市场上最大的运输公司。它拥有世界上最大的集装箱船和油船，业务范围遍及全球 100 多个国家和地区，是世界上最著名的五大航运公司之一。

承包方：

埃森哲(Accenture)是全球领先的管理及信息技术咨询机构，2003 财政年度纯收入达 118 亿美元，拥有 95 000 多名员工，在全球 48 个国家和地区设有 110 多家分支机构。埃森哲一向以出众的领导能力、专业服务和质量承诺在客户中享有盛誉。《财富》100 强中的 86 家、《财富》500 强中超过半数的企业都是它的客户。埃森哲竭力在管理咨询、信息技术、经营外包、企业联盟等业务领域为客户提供卓越的专业化服务。

外包产生背景及合作意向：

2002 年 NOL 创下亏损 3.3 亿美元的记录，节省成本、提高运营效率的任务迫在眉睫，因此，享有盛誉的埃森哲进入了他们的视野。

外包内容及实施过程：

2003 年，NOL 将财务管理(包括其全球范围内财务部门的应收、应付账款处理等业务功能)外包给埃森哲咨询公司，合同期 8 年。埃森哲专门在上海建立了一个客户服务中心，处理 NOL 所有亚洲地区的应收、应付账款项目，远期计划是把欧洲、北美的相关业务纳入。NOL 这方面的财务人员全球有 300 多人，上海地区的人员继续在埃森哲客户服务中心工作，其他人辞职或被裁员离开了 NOL。利用"瘦身计划"，NOL 和埃森哲两方达到了双赢，从 NOL 公司 2003 年前 3 个季度的财务报表来看，主营业务收入为 3.98 亿美元，比上年同期增长了 19%；营业成本为 3.21 亿美元，比上年同期仅增长了 9%；

毛利增长了96%，即前3个季度就取得了扭亏为盈的好成绩。

这次财务管理外包便是节省成本、提高运营效率的重要措施之一。但在盈利或者能使股东价值持续增值的企业中，这一重要工作却常常被忽略掉。事实上，许多企业的某些职能部门创造了价值，而另一些部门却在毁损价值。因此，即使在盈利或者是持续增值的企业中，尽可能减少无效的或不增值的职能部门并不断挖掘各个职能部门的增值潜力也是非常必要的。

NOL的财务外包案例中有一个特别值得注意的问题是，和埃森哲签约的主体不是美国总统轮船公司（APL），而是其母公司NOL，是母公司将自己全球范围内财务部门的应收、应付账款处理等业务集中统一外包，而且合同期历时8年。这使得我们需要重新审视集团内部母子公司之间的财务关系和管理关系。

这种外包业务不是由各子公司散兵作业，而是由集团统一运作，这样才能在费用上与代理商埃森哲谈个"好价钱"，并使埃森哲在更高层次上不断提高服务质量。所以，集团母公司必须从多方着手保持对子公司的控制力，在资源配置上以整体价值最大化为目标，对于集团内部共性的经营业务和管理业务一定要强调由母公司集中运作，统一安排。NOL将全球范围内的应收、应付账款处理业务外包给埃森哲集中处理，不仅是一种财务职能的外包，也是一种集团内部财务职能的重新整合。对于大型的集团公司来说，此法可以也十分有必要效仿。

外包效果及评价：

NOL的案例给我们的启示是，架构新型的母子公司关系不能仅仅强调控制与被控制，还应该通过扁平化与类似NOL的外包，建立灵活、透明、市场化、高效的财务管理体制。NOL的案例中，NOL在合约履行前，已经估计8年内总共能够节省约2 600万美元的成本，而埃森哲同样能在8年中获得金额不菲的稳定收入。外包将合作双方的长处结合在一起，打造双赢蓝图。另外值得一提的是，埃森哲为履行此合约专门在上海建立一个客户服务中心，通过全球互联网进行离岸交易来从事管理服务工作。这种动作也是忠诚合作的标志之一。

（资料来源：http://www.bpo.net.cn）

7.1 财务外包流程概述

一项财务外包业务既涉及发包方又涉及接包方。发包方出于节约成本、提升核心竞争力等考虑，把部分财务职能以合同形式外包给外部财务服务提供商（接包方），接包方则利用自身的专业能力为发包方提供专业的财务服务。

财务外包的业务流程是指一项财务外包业务从发生到结束的整个过程。具体而言，财务外包的业务流程包括制定外包决策、签订外包合同、服务外包实施与管理、成果验收四个环节，如图7-1所示。

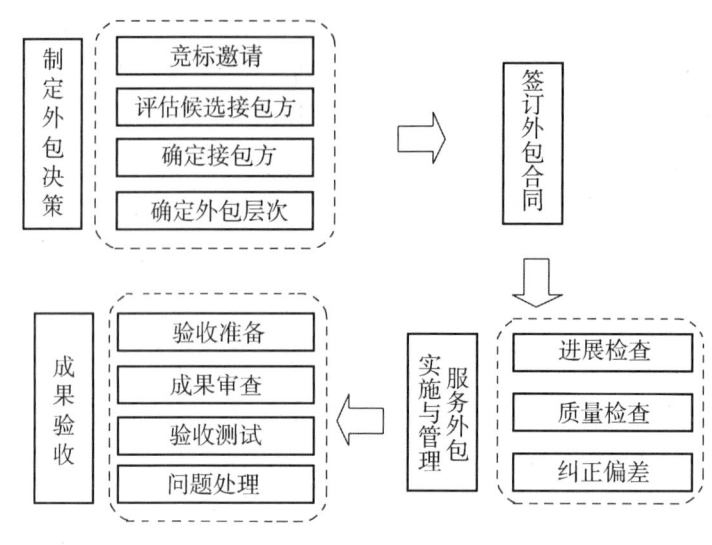

图 7-1 财务外包流程

7.2 外包决策的制定

企业进行财务外包的主要目的是节约成本和专注于核心业务。财务外包具有理论上的优越性，但是也存在一些不容忽视的问题。不少外包业务中途流产，导致经济损失，甚至企业破产。其失败的教训主要是，发包企业在财务外包之初没有进行科学的决策评估，或者外包边界不清，接包方就承接了外包业务。此外，外包还面临重要的人力资源风险，如发包企业原有财务人员担忧工作的稳定性，从而影响企业效率等。所以，在制定外包决策时，一定要做好充分的准备工作。

7.2.1 承包方的准备工作

制定外包决策的阶段对于承包方来说也称为准备阶段或营销阶段，即承包方通过对潜在客户的挖掘，使其转变为自己客户的过程。该阶段主要包括分析客户需求、规划项目方案、提交咨询建议书和商务谈判四个环节。

在该阶段承包方最重要的任务就是建立客户对承包方的信任。项目成功的基础在于在项目准备阶段双方就建立起的相互信任和理解，以一致的思路来解决问题，并以乐观的情绪和坚定的信心开展咨询工作。在准备阶段应关注以下三个方面。

7.2.1.1 承包方对客户的选择

在决定承接外包项目前，承包方必须对客户进行选择。承包方对一项工作说"不"并不是一件非同寻常的事。实际上，很多承包方拒绝的项目和他们接受的项目是一样多的。

承包方可从以下几个方面考虑是否接受客户：

(1)项目的难度如何,承包方是否有足够的专业胜任能力。
(2)客户的经营状况如何,是否有能力支付价格不菲的外包费用。
(3)客户在国内或行业内的知名度如何,将来是否可以作为承包方对外宣传的资本之一。
(4)客户的发展前景如何。
(5)客户的主要负责人是否对外包项目给予足够的重视。
(6)其他原因。

7.2.1.2 需求分析

外包决策对接包方来说是从分析需求到制订项目计划的过程。这个阶段的目的是指导项目以有序的方式进行计划和运作,从而达到时间、成本和质量等目标要求,并给发包企业的管理层提供足够的对项目执行的可视性。

财务外包中的需求管理是指获取项目关系人对需求的理解和承诺、及时跟踪客户需求的变更、通过需求双向跟踪矩阵对需求进行管理,并发现需求与公司产品之间的不一致、对需求管理过程中所发现的不一致进行跟踪反馈,直到最终关闭。

这个阶段的主要难题是,客户了解自己想要实现的结果,但是,他们通常不了解为实现最终目的所需要的方法,有时还不能完整准确地表达自己的要求;而相对应地,接包方的项目人员知道使用什么模型和方法,但是,对于客户抽象的要求并不了解。因此,在这个阶段,需要借助专门从事需求开发管理的需求分析师与客户密切配合,充分交流信息,得出经过客户确认的业务流程模型。

需求分析对于最终财务外包质量好坏至关重要。在财务外包决策阶段进行过程中,如果客户的需求不明确或经常发生变化,会成倍地增加外包服务方的开发工作量,延长完成外包业务的周期,这也直接关系到外包承接方的收入。因此,在决策阶段对客户需求进行详细周密的分析,保留规范性文档,确保需求、计划、交付的工作产品以及提供的服务相一致,这对财务外包企业是非常重要的,它直接影响到财务外包的实施质量。

7.2.1.3 咨询建议书的编写

接包方一旦了解了客户的业务和将要发生的问题,接下来的工作就是草拟一份进行这项工作的建议书,即咨询建议书。

编写咨询建议书的目的是为了清楚地说明接包方将做哪些工作,客户可以期望得到哪些最终成果,客户可以预期项目将何时结束以及需要支付多少费用。因此,它在一定程度上体现了承包方对客户问题的认识程度和解决思路,反映了接包方的实力和水平。此外,目前很多企业都是以招标的形式来选择咨询伙伴,因此,咨询建议书也是承包方营销技能的第一份书面证明——承包方将用它向客户推销自己的专业技能,也就是说服客户自己才是帮助他们解决问题的最佳选择。

咨询建议书编写的要求与内容如下:

1. 封面

封面包括项目名称、客户和咨询公司名称及联系方式等。一份精致而又有吸引力的项目建议书,其封面应该引人注目,大多简洁精美。

2. 目录

项目建议书不论长短,都要有目录,并在目录中清楚地列明每个主标题及其页码,以便读者非常方便地找到他所关心的话题及其在建议书中的位置。

3. 摘要

摘要是整个建议书中最重要的部分。对于那些非常繁忙的企业高层来说,摘要可能是建议书中他们唯一阅读的部分。建议书应该简洁明了。写摘要时最重要的一点是,客户不需要看摘要以外的任何材料,就可以在摘要里了解建议书的所有要点。这也是摘要的最终目标。

4. 正文

正文主要包含如下内容:

(1) 项目建议

概览

工作范围

项目目标

可交付成果

角色和责任

后续服务

(2) 项目管理

项目组

项目组简历

资料收集和分析

预计时间

(3) 费用构成

(4) 保密声明

(5) 资格和证明

已完成同类项目的清单

×××公司的推荐信

7.2.2　发包方做出外包决策

对于发包企业来说,外包成功与否,做出正确的外包决策起着至关重要的作用,合理的外包决策是外包成功的关键。这个过程主要是对外包中的决策问题进行探讨,分析企业是否要进行外包,哪些层次业务适合外包,外包中应该建立怎样的合作关系。

1. 是否进行外包

根据交易成本理论,通过对企业内部组织成本和市场交易费用的比较来确定企业边界。企业在进行外包决策时,要对内部化的总成本与外部化的总成本进行比较,只有当外部化的总成本低于内部化的总成本时,企业才会考虑业务的外包。

内部管理成本可分为三类:固定成本、运作成本以及风险成本。内部人员的流动性及舞弊行为同样会给企业内部的财务工作带来很大的风险,因此,应将内部人员的机会主义行为加入到内部管理成本中。

外包成本同样分为三类：服务成本、管理成本以及风险成本。外包过程中的风险成本主要是外部专业服务提供商的机会主义行为对企业造成的损失。

将内部管理与职能外包的成本进行归类，如表7-1所示。采用内部管理方式的总成本为 $C_i = C_{i1} + C_{i2} + C_{i3}$；采用职能外包方式的总成本为 $C_o = C_{o1} + C_{o2} + C_{o3}$。

根据交易成本比较原则：

(1) 当 $C_i > C_o$ 时，企业采用内部管理方式的总成本大于采用外部管理方式的总成本，在这种情况下，企业可以考虑将相应的业务外包给外部提供商。

(2) 当 $C_i < C_o$ 时，企业采用内部管理方式的总成本小于采用外包方式的总成本，在此种情况下，企业应该继续实行内部管理，不适合将此类业务进行外包。

表7-1 财务内部管理与外包的成本归类

内部管理成本 C_i			外包成本 C_o		
固定成本 C_{i1}	运作成本 C_{i2}	风险成本 C_{i3}	服务成本 C_{o1}	管理成本 C_{o2}	风险成本 C_{o3}
基础设施的投资，固定资产的配备，部门的设置与管理成本	日常消耗和运行成本（固定资产折旧成本，人员工资福利、休假以及设施的维护成本等）	内部人员的机会主义行为（内部人员流动造成的损失成本，财务工作中的错谬带来的风险）	根据相应的服务协议支付的费用	签约谈判成本，外包管理控制成本（包括外包关系的管理，冲突处理等）	外部服务提供商的机会主义行为（信息泄露的风险，其他潜在的风险）

2. 成立外包工作组

外包需求是发包企业最重要的指南。在确定了外包需求之后，发包企业内部要建立一个部门作为外包事务工作组。工作组每位成员都有不同的职责，分别来自人力资源、财务、信息技术及安全等部门。每位成员授予适当的决策权，这样可以对财务外包进行有效的监督，同时防止信息泄露的风险。

3. 确定外包接包方

在外包准备阶段的工作完成之后，发包企业可以通过网络、商会和同行推荐寻找潜在外包服务提供商，经过初步筛选后，向部分潜在服务提供商发出外包需求信息请求（request for information，RFI）。如果 RFI 不理想，则可实行邀请投标方式（invitation to tender，ITT）。最适合的财务外包供应商进入入选名单后，外包供应商应对发包企业的条件和方案做出回应。而发包企业在接到外包供应商的方案后一般按照下面标准进行决策，确定外包供应商和外包方案。

评估每种方案时所需考虑的方案特性实质上要取决于决策本身的性质。只有极少数的实际决策可以只根据一个特性来评价，在一般情况下需要综合考虑多个评价因素才能做出决策。如图7-2所示，企业外包决策模型从方案的可行性、方案的可接受性、方案的可靠性等三个方面给出了企业外包的决策标准。方案的可行性是指采用它的困难程度、内部、外部的各种资源条件如何。方案的可接受性是指它对实现目标能起多大的作用。方案的可靠性是指方案被选择后要承担的风险，包括方案在企业内部造成的影响，决策执行以后的环境态势，环境中其他主体对决策的反应等。图7-2形象地给出了可行性、可接受性、可靠性三者之间的具体关系。

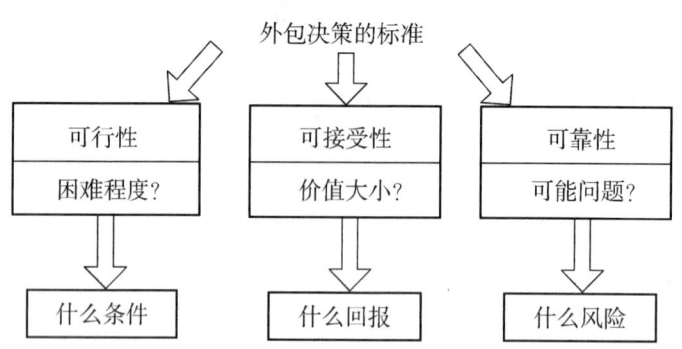

图7-2 外包决策的标准

1）可行性标准

可行性标准是衡量一个方案的可行程度的准则。在企业财务外包决策中最重要的一个可行性标准是外包供应商问题，即能否找到合格的外包供应商，另外还有企业是否有足够的进行决策、执行决策的经济资源条件，企业的员工、客户能否接受财务外包，以及外部的外包环境氛围是否有利于外包活动的开展，等等。一般而言，能找到合格的外包供应商则备选方案具有可行性。

2）可接受性标准

（1）降低经营成本。降低经营成本在美国外包协会2001年度外包的十大理由调查中列在首位。可以说，降低企业的经营成本是绝大多数企业外包决策的出发点，在不同方案之间进行取舍时其成本节约的程度成为一个不可或缺的参照标准。由于成本项目很多（如生产成本、管理费用、销售费用、财务费用等），在不同的外包决策中有可能仅仅是通过降低某一项或几项成本项目来降低整体的成本水平。

（2）对核心竞争力的贡献。在1.3.1小节"服务外包的理论基础"中已经讨论了核心竞争力。"对核心竞争力的贡献"是前面提到的美国外包协会的调查中仅次于"降低经营成本"的理由，特别是最近几年来随着对核心竞争力的关注，"对核心竞争力的贡献"在可接受性标准中占据了日益重要的位置。对核心竞争力的追求已经成为越来越多的企业（尤其是一些跨国大型企业）考虑财务外包的动力。

3）可靠性标准

任何决策方案都可能存在一些由决策制定者所不能预测和估计到的事项引起的风险，对风险的衡量就是考察可靠性问题。企业外包决策结构中提出的评估可靠性的标准有承包商、产品市场、要素市场、技术发展和内部经营五个方面，基本上涵盖了与决策有关的外部主体及环境因素对企业内部造成的影响。

（1）与承包商长期合作的可能性。"与承包商长期合作的可能性"作为一条重要的可靠性标准，是企业在进行财务外包决策时必须考虑的。因为外包常常存在着失去财务外包的质量和控制权的潜在风险，增加了企业正常生产的不确定性。因而，企业在决策前后都必须十分关注接包企业的行为，增加长期合作的可能性。

（2）可能丧失的学习和创新机会。许多对企业财务外包持批评态度的学者和企业家认为，外包造成的最大的风险是学习与创新机会的丧失。他们指出，外包实践很可能只是在短期内获得竞争优势，却丧失了不断学习、不断创新的机会，进而也丧失了构建未来核心能力的机会。所以，在评价企业财务外包的可靠性时必须对财务外包可能丧失的学习机会和创新机会有一个清晰的评估。

（3）未来的灵活性。一个决策可能会影响到其他决策选择方案的变动范围或者未来决策的活动空间。企业财务外包决策对企业未来灵活性的可能影响也是一项重要的可靠性标准。

7.2.3 外包决策期间的注意事项

1. 提高财务外包业务标准化程度和业务可测量性

在制造业具体产品的外包中，通常接包方会事先提供样品，在样品能够满足发包方要求的情况下，发包方向接包方发包并在验收时以样品为参照。这样，产品是否达到质量要求可以比较容易地进行判断。由于服务的过程特点，接包方无法在承接外包服务之前提供样品，所以发包方能否清晰地提出服务要求，让自己的要求尽量标准化并可以测量，相应地接包方清楚地知道自己该如何去做，对于财务外包的成功是非常重要的。另外，业务标准化程度和业务可测量性二者密不可分，业务标准化程度的提高将促进业务的可测量性；业务的可测量性必然要求业务有一定的标准化程度。

标准化的目的是通过减少流程错误来改进经营业绩并减少成本，促进沟通，达到获取利益的作用。在服务行业中，标准化在提供技术互换性、遵守相应准则和提高客户信任度方面起着重要作用，这些方面恰恰是财务外包实现环节中最为重要的部分。对于发包方来说，在财务外包业务执行框架的各个环节中，都要求有清晰、明确的目标和任务，便于发包方对接包方进行监管与评估，从而提高财务外包活动的效率和收益，减小风险。对于接包方来说，标准化有利于其从不同客户中绑定类似业务流程，从而达到规模经济和技术经济，并且减少对不同客户的服务技术成本。此外，标准化还有利于提高财务外包业务的透明性，促进接包方的优胜劣汰，实现良性循环。

标准化的重要实现手段之一是模块化，即将产品或过程分成若干个标准模块，针对模块进行控制，所有模块组装起来即成为最终成品。能否对外包出去的服务业务进行清晰界定，是区分优秀企业和一般企业的一个重要标准。

2. 不断提高自身的专业性

发包方对业务的熟悉程度以及对外包活动的熟悉程度决定了发包方与接包方的合作程度，同时也会影响服务外包风险。发包方在外包业务方面的专业性越高，就越能够有效地对接包方进行选择、监督和管理，从而降低财务外包的风险。具体来说，增加外包企业对外包业务的认知能力可以从以下几个方面来考虑。

1) 建立专业的管理团队和监管机制

一方面，要成立熟悉外包业务的专业管理团队，这个团队中应包括诸如法律人员、财务人员、技术专家以及实施顾问等与外包相关但具有不同专业知识背景的人员，利用知识的互补性更全面、更准确地识别企业的核心竞争力，评估外包项目风险；另一方面，要建立外包决策和外包实施的监督机制，确保财务外包业务的顺利执行。具有较高的执行外包业务素质的人员和拥有企业所需技能的人员留在企业内部。这既便于外包供应商更快、更清晰、更深入地了解企业及其对服务的需要，又能减少企业相关的技能和创新能力丧失的风险。

2) 不断加强对外包业务本身和财务外包运作管理的学习

在外包业务本身相关专业知识的学习方面，企业不应该因为将其外包出去就忽视对相关业务专业性的提高。相反，企业的相关人员更应该加强对专业知识的学习，因为财务外包的目的并不是完全放弃某项业务，而是通过财务外包，将企业的资源集中到核心能力上，并使这项业务能够更好地为组织的日常运作服务。一旦企业的相关人员在该项业务上的专业水平与当前的发展水平脱轨，就很容易被接包方欺骗，无法有效地与其进行沟通交流，从而无法完成与接包方的良性互动，并对其进行有效监管。因此，发包企业应该在企业内部倡导良好的学习氛围，以加快企业对持续变化的环境的适应速度。企业向外包服务提供商学习是简单便捷而又有效的一个途径。应该注意了解接包方的技术简介、参加高技术研讨会并了解现在采用新技术的情况。不断评估企业的软硬件方案，并了解市场上同类产品及其发展潜力。尽管许多服务提供商倾向于声称它们拥有最先进的技术和服务，但事实上其实力参差不齐。只有具备相当的专业素养，才能够对其进行有效的鉴别。

在财务外包运作管理方面，可以在相关行业内寻找成功实施外包管理的企业，将这些成功实施外包的企业作为外包的标杆来学习，这样可以大大减少外包决策过程中的盲目性；还可以聘请外包顾问，对决策和实施外包业务的人员进行培训，增强企业自身的外包专业水平与经验。企业应该将财务外包看作是学习和提高自身核心竞争力的机会，并通过财务外包管理，从新的角度思考和审视自身的核心竞争力与外包战略，而不应该将财务外包简单地看作一个降低成本的方式。这就要求企业选择服务提供商时要看重创造新机会和提高竞争优势的作用，而不仅仅关注能否降低企业的成本。

3. 加强财务外包中的交流和沟通

1) 进一步加强和完善财务外包市场中的各种认证机制

尽管可能存在一定的信息失真，但能力认证仍旧是传递接包方质量信号和提升接包方能力的有力手段。财务外包接包方能力认证机制的作用包括传递有关接包方能力的信号和提高接包方能力两方面。能力认证的信号传递作用体现在两方面：首先，通过提供信息使得发包方能够有效地选择接包方，从而改进资源配置；其次，如果不能通过能力认证向发包方传递正确信号，那么能够提供较高服务质量的接包方可能只能获得较低的报酬从而退出市场，或是接受那些远低于其能力的外包业务。无论发生哪种情况，对整个市场来说都是一种资源的损失和浪费。

能力认证要发挥信号传递功能，有一个最为关键的前提条件，那就是不同能力的接包方通过认证的成本是不一样的，即高能力接包方通过同样认证的成本低于低能力的接包方，这样高能力的接包方才能通过选择获得认证把自己与低能力的接包方区分开来。能力认证还能够作为提高接包方能力的有效手段。有学者通过模型分析，发现当能力认证能够提高接包方能力时，即使在完全信息下，所有的接包方都会选择正的能力认证水平，并且，高能力的接包方选择的能力认证等级高于低能力的接包方。在非对称信息下，无论是高能力的接包方还是低能力的接包方，其能力认证水平都高于完全信息条件下的最优能力认证水平。这种与完全信息条件下最优水平的偏离就是将不同能力的雇员相互区别的信息成本。

2）建立有效的财务外包管控机制

首先，企业应该建立财务外包事务管理机构。如果企业在外包过程中，仅在外包决策、外包供应商选择或发生了法律纠纷时才成立临时性机构，处理相应外包事务，那么管理组织的不稳定会造成管理人员的频繁调动和流失，削弱对外包项目的充分理解，影响合作双方感情的建立。人员的不稳定必将造成管理策略的不连续，削弱双方合作和信任的基础，给外包项目的管理和监督带来不必要的麻烦。如果企业内部没有合适的管理人员进行过程跟踪、度量和控制，那么就会有外包项目进度和质量失控的风险。因此，企业必须安排一位熟悉企业规章制度又对信息技术有一定了解的管理人员对外包过程进行控制。对于服务外包供应商也要指定唯一的项目经理，对内安排具体的外包任务，对外与企业交流、报告进度和问题。企业和服务外包供应商之间的沟通，使得双方的信息入口和出口唯一，可避免多头管理带来的混乱并降低过程失控的风险。在合同签订以后，有一段业务移交时期，双方都要有一支专门的团队，就外包服务的内容做出更详细的规定，并明确外包的业务流程。如果牵涉到资产的转移，就要负责资产的清点。如果涉及人员转移，就要在前期做大量的沟通工作。以上这些细致的工作都需要有专门的团队负责，建立外包事务管理机构具有必要性。

其次，企业需要加强对外包实施过程的监控和管理。发包企业将财务外包业务交由接包方负责后，必须定期考核接包方。可以从提供服务的标准、及时性、符合性、服务业绩、客户反映这些方面进行考核。接包方的服务标准应该规范、合理、科学，其提供的外包服务也应及时，且必须与合约的要求一致。发包企业在实施业务流程外包后，要建立对接包方的考核制度，定期进行考核，并及时反馈评估结果，以保证达到预期的服务质量。发包企业可成立由企业管理人员、专家、员工和接包方等有关人员组成的评估委员会来具体实施。在评估过程中，评估指标的选定是评估成功与否以及评估结果有效的关键。评估指标应以定量化指标为主，定性化指标作参考。在对接包方考评活动结束后，对评估结果达到预期要求的接包方，企业可将其加入到业务流程外包接包方档案库中，以此作为今后再次选择相同行业接包方的重要依据。发包企业应将接包方的考核结果及时反馈给接包方，以便指导接包方在此后的外包业务实施过程中进一步改进和提高服务质量。发包企业还可以根据双方签订的外包合同，对接包方进行跟踪调查和间接约束。一种称为"风险/回报定价"的新合作机制很值得借鉴，目前许多企业都在采用。该机制规定如果接包方不能实现合同目标，接包方将受罚；但如果实现或超过了目标，接包方将分享客户的利润。在这种模式下，接包方和发包企业共担合同的风险，共享回报的利润，是一种十分有效的激励方法。实际上，由于外包双方有了更加紧密的利害关系，可以使合作更加密切。

最后，还要建立完善的监督机制。在合同执行期间，对接包方的有力监督可以进一步降低来自接包方的风险。发包方应成立包括相关业务专家、财务专家以及战略专家等组成的监管组，或聘请第三方监理机构，对接包方进行监督，以便及时发现问题，采取措施减少风险。对接包方的监督主要包括服务质量监督、项目进度监督和项目成本监督三个方面。

7.3　外包合同的签订

7.3.1　外包合同概述

通常情况下，发包企业是合同的甲方，接包企业是合同的乙方。在财务外包中，由于发包方进行信息搜集和决策的能力是有限的，而服务外包业务本身在标准化程度和可测量性上也是参差不齐的，使得发包方很难制定完整的合同。因此，外包合同一般由乙方拟定，甲方可在乙方已拟定合同的基础上提出异议及特殊条款的修订。

7.3.2　外包合同的内容

一般的财务外包合同包含总则、服务外包项目范围和方式、合同期限、外包费用支付标准和结算方式、权利和义务、违约责任、合同的变更和终止及附则8个部分。具体内容可参照本章附录。

1. 总则

总则是对财务外包合同的文字性材料的总体概括，主要包含发包企业和接包企业的基本信息、双方确立的合作关系及所承担的权利义务、合同未尽事项的解决方法等。

2. 服务外包项目范围和方式

首先明确乙方要承担财务外包的项目范围，是某个单位的单个项目、某几个项目还是整个单位范围；其次确定乙方要承担财务外包的业务范围；最后说明甲方在外包过程中需要提供的资料及承担的费用。

3. 合同期限

合同期限部分主要包含两方面内容，一个是双方经协商达成一致的合同期限是什么时候，另一个是如果任何一方单方面终止合同应该如何处理。

4. 外包费用支付标准和结算方式

此部分包含何种情况下可确定外包费用、甲方向乙方支付的服务费用范围、每项费用的支付标准、外包费用的支付方式和支付时间。

5. 权利和义务

权利和义务部分是财务外包合同的重要内容，主要明确甲乙双方各自的权利和义务，具体包含四个部分：甲方的权利，甲方的义务，乙方的权利，乙方的义务。

甲方的权利主要有是否接受乙方派出人员，要求乙方提供外包人员的资质证明，制定外包服务规范、考评办法等。甲方的义务主要有为乙方提供必要的技术支持与工作指导，防止劳动事故，不得泄露乙方的商业秘密等。

乙方的权利主要是要求甲方在合同期限内保障乙方外包服务人员的合法权益。乙方的义务有代表甲方完成财务服务外包工作，按照甲方服务需求和标准提供外包服务人员，接受甲方的定期考核，发生工伤及纠纷时的解决方案等。

6. 违约责任

在违约责任中说明一旦甲方或乙方无法履行自己的义务或损害另一方权利时的解决方法，一般还会包含当合同双方发生争议时解决的原则及方法。

7. 合同的变更和终止

合同的变更和终止包括合同可在何种情况下进行变更，在何种情况下终止。在发生合同的变更和终止时，双方应如何解决。

8. 附则

不能明确属于以上 7 个部分的事项都可以列在附则里面。但这不能说明附则是不重要的，附则中的合同条款跟其他的部分一样重要，只是无法具体分类在合同的其他部分。

7.3.3 签订财务外包合同时的注意事项

1. 发包方需考虑多种激励措施

（1）分级别管理。企业可以制定相应的评级制度，根据接包方的素质和信誉、合作时间长短、合作过程中满意程度，将接包方划分为准入级、合作级、伙伴级，对不同级别的接包方给予不同的报酬和奖励。级别评定应能上能下，动态管理。如果接包方的服务水平下降、服务质量降低，就会被降级。

（2）建立合理的奖励原则。发包方应根据财务外包的范围，按照接包方所提供的产品质量设定不同的级别，从而给予不同程度的奖励。同时，如果接包方在项目完成的过程中，在某些领域实现了技术的改进和突破，同时帮助发包方实现了业务上的盈利，发包方应当给予接包方额外的奖励。标准的制定应随着技术的发展而不断提高，以激励承包商使用新技术、持续改进服务质量。

（3）收益共享。收益共享是指企业将自身利润增长的一定比例分配给接包方来激励接包方更好地为企业目标服务。它能够保证接包方的行为与企业目标的高度一致，强调的是双方之间利益的共同性而不单单是接包方完成的质量，它更要求接包方能不断地与企业进行沟通，增进对于企业目标的理解。通常，利润分享较适用于那些增长迅速、赢利能力强的企业，在这些企业中存在接包方获得高额报酬的可能性。在利润稳定的或下滑的企业中，由于利润率较低和竞争激烈，利润分享的激励作用就不是很大。利润分享方案也存在缺陷，即利润无法与接包方的努力程度直接联系。市场条件差可能使得接包方的努力工作变得毫无效果；接包方必须等待外包生成利润才可以获得报酬，这就降低了它的作用；利润在一定程度上是不可预测的，有些接包方会比较喜欢更稳固的奖金和固定收入。

（4）引入竞争激励。即引入竞争压力，把一项业务分给两个接包方，或事先拟定后备方案及后备接包方。这样可以给接包方带来一定的压力，促使接包方能够更好地完成外包项目。

在实际的接包方关系管理中，激励方式往往是交错运用的，企业根据自身的需求、市场情况、接包方的特性以及外包业务的性质等诸多因素综合考虑，最终往往是一种组合的激励方式。随着服务业务外包范围的进一步扩展以及外包模式的不断发展与创新，将会有更多样的激励方案出现，促进企业与接包方合力创造新的价值。

2. 保证合同的完整性

（1）企业可以通过制订完善的合同来限制外包供应商的投机行为。外包合同短则3年，长则5年至10年，是致力于构建一种长期的稳定关系。因此，在业务外包的初期，企业和外包提供商就合同内容平等协商、达成共识很重要。如果双方在谈判和签订合同的时候，就将所有的要素都考虑得清清楚楚，并统一意见，外包合同本身就不至于埋藏风险。合同的条款，一般包含需求的描述、工作的描述、对外包费用和支付方式的规定、对向外包供应商移交相关资源的规定、有关软硬件系统转换的规定、有关外包关系管理的条款、有关合同中止的条款等等。当然，考虑到外包的进一步分包、保密、安全、新技术的采用等问题，合同条款还可能针对具体的需求有更多、更个性化的规定，而总体的原则是周到而不要僵化，给不确定的变化提供一定的空间。

（2）确定合理的价格。企业的底价和服务提供商的报价之间多少会有一些差距，但绝对不能是一方压倒另一方，而要寻找一个合理的平衡点。企业要清楚自己的底价，假设签订一个5年的外包合同，企业需要具体计算，如果自己做而不外包，在这5年里要花多少钱；如果外包给别人做，可以节省多少钱，这样心里才有底。服务提供商对自己的报价也要仔细分析。外包合同的谈判就是从双方各自的观点出发，进一步反复协商，最后确定双赢的价格。

（3）不可忽略保密条款、知识产权以及遇到不可抗力时如何处理等细节问题。这样便于在履行合同时检查是否符合当初的约定，在出现违约时追究相应的责任。如果外包合同牵涉到资产或者人员的转移时就要更加谨慎。资产的转移有硬性的衡量指标，其折旧率在法律上也有明确规定。而人员的转移就比较复杂，包括薪资、福利、退休政策等，需双方的人力资源部门共同协商，达成一致意见。

7.4 外包合同的执行

在财务外包执行的过程中，发包企业要严格按照财务工作流程对外包过程中的各项资源进行合理分配。建立与外包供应商的合作机制，为财务外包工作过程管理做相应的准备，确保外包供应商能履行外包契约。企业还应根据财务外包合同条款明确外包供应商提供服务的职能、工作流程、模式等内容，确保外包供应商能按时完成工作，使企业整个财务工作能正常进行。

外包合同执行包含外包业务移交、外包关系管理和外包过程管理三个方面。在这一过程中，发包方和接包方之间的交流沟通及协同合作的程度对于合同是否能顺利执行非常重要。

（1）外包业务移交。外包业务移交是外包合同执行的第一步，具有一定的复杂性和风险性。统计资料表明，约20%的外包合同基于不可预期的原因在移交阶段就被终止了。外包业务移交应有计划性，在移交阶段，应对安全问题予以高度重视。要制订明确的移交时间表，建立移交进展例行报告制度，使所有当事人都明晰责任移交的时间。这样可以降低不确定性，确保法律责任的承担。

（2）外包关系管理。外包关系管理是外包管理中的重点。与外包服务提供商建立长期友好、信任的合作关系是外包成功的关键。有三种类型的外包关系：传统外包、合作性外包、业务转型外包。传统的外包关系就是专业外包服务供应商通过合同关系提供一系列有限服务；合作性外包关系能够提供范围更广的服务，与外包服务提供商的关系是合作性和灵活性的，双方经常一起来界定服务范围；业务转型外包关系程度最深，双方建立深度合作伙伴关系，共同再造公司的业绩和表现，可能共同确定外包流程的范围，也可能以合资企业的形式管理资产和员工。如果企业能够建立满足自身需要的关系，就有更多的机会获得流程外包的成功。

（3）外包过程管理。外包过程管理是指根据合同的约定外包提供商会采用在特定时间向企业交付产品或提供服务成果。在财务外包过程中，数据、报表是服务成果的主要参考依据，同时外包提供商的服务效果是否在符合国家相关规定的前提下满足企业自身需求、提供服务整体过程是否顺利，都可成为对财务外包供应商评价的佐证。

7.5 外包合同的完成

在财务外包执行完毕或当外包供应商完成阶段性工作时，企业应组织相关人员对成果进行验收。在这个阶段可根据不同性质的业务制订不同的验收方式，因为财务工作具有持续性，所以财务外包的验收工作可选择在整个过程中的特定时间和阶段进行。验收的过程中要根据财务外包合同的条款和约定，结合企业对于服务的评价对外包质量进行基本评估。

在实施完财务外包业务后，会计师事务所等服务提供商要根据客户情况，建立客户的会计档案。如果连续承接客户的财务外包业务，外包服务提供商要保管好客户的会计档案。值得注意的是，会计档案不仅仅包括纸质的文件，还包括电子文档等其他形式。如果不再承接，会计师事务所要将会计资料移交给客户。

本章小结

（1）财务外包的业务流程包括制定外包决策、外包合同签订、外包合同执行和外包合同完成四个阶段。

（2）对于财务外包的发包企业来说，合同签订前的准备工作非常重要，必须经历做出外包决策、成立外包工作组、确定外包接包方等几个步骤。

（3）对于财务外包的接包企业来说，合同签订阶段必须做好三个风险识别：了解客户信息阶段风险识别、提供报价阶段风险识别和签订协议阶段风险识别。

（4）外包合同一般包含 8 个部分，即总则、服务外包项目范围和方式、合同期限、外包费用支付标准和结算方式、权利和义务、违约责任、合同的变更和终止、附则。

（5）财务外包合同执行包含外包业务移交、外包关系管理和外包过程管理三个方面。

（6）外包业务在执行过程中的监控以及完成合同的验收是依据合同及约定进行的，所以外包合同的完整性非常重要。

附录：财务外包合同样本

财务服务外包合同

甲方：　　　　（发包方）

乙方：　　　　（接包方）

合 同 目 录

第一章　总则

第二章　服务外包项目范围和方式

第三章　合同期限

第四章　外包费标准和结算方式

第五章　权利和义务

第六章　违约责任

第七章　合同的变更和终止

第八章　附则

第一章　总则

第一条 本着"友好合作、平等互惠、优势互补"的原则，_____
_____（以下简称甲方）与×××财务咨询有限公司（以下简称乙方）经友好协商，就甲方财务服务外包事宜，共同签署本合同，以资共同遵守。

本合同对甲乙双方权利义务及财务服务外包作相关约定，合同未确定事宜，双方可另行签订补充合同作为本合同的附件，与本合同具有同等的法律效力。

第二条 财务服务外包定义：甲方根据自身经营需要，将财务核算工作交由具有该类业务服务经验、良好的业绩、完备的资质以及高效的管理团队的乙方进行代理，要求乙方服务人员到甲方的工作场所，利用甲方的服务工具和设备，从事财务核算工作；乙方承诺在确保满足甲方要求的服务标准的前提下，于本框架协议合作期内，为甲方提供相应财务外包服务。甲方向乙方支付财务服务外包费用。

第三条 乙方外包服务人员是指乙方派出的符合本合同资格条件的、在甲方从事本合同规定的财务服务外包范围以内工作的人员。所有工作人员在劳动人事、工资福利、社会保险等各方面均隶属于乙方。乙方有义务在本合同有效期内维持其与外包服务人员合法的劳动合同关系，不得因与外包服务人员间就劳动法律关系或在其他方面的任何争议或瑕疵影响其履行在本合同项下的义务。

第四条 除双方另有约定外，甲乙双方之间任何与本合同相关的正式信函以及结算，均使用并且只能使用本合同中甲、乙双方指定的地址和银行开户账号。

甲　方		乙　方	
名称		名称	×××财务咨询有限公司
地址		地址	
邮编		邮编	
电话		电话	
汇款人名称		收款人名称	
开户银行		开户银行	
银行账号		银行账号	

第五条 甲乙任一方的名称、法定地址若有变更，变更一方应至少提前十个工作日书面通知对方。该书面通知须加盖变更方公章并经本合同授权代表签字确认后生效；甲乙双方的账户名称、开户银行、银行账号有变更的，变更方应在本合同约定的相关付款期限十个工作日前以加盖财务专用章的书面文件的原件通知对方。

第二章　服务外包项目范围和方式

第六条　甲方将以下项目外包给乙方：
（一）项目隶属：甲方及甲方所属分支机构。
（二）项目性质：财务服务外包服务项目以及适合外包的其他服务性项目。
（三）项目内容：主要包括（但不限于）会计凭证处理、账薄的记录、财务报表的出具、内部财务报表的提供、纳税申报事务等。

第七条　甲方负责提供服务场地、设备、设施、工具，并承担服务项目的日常运作费用，包括但不限于水电费、电话费等。

第三章　合同期限

第八条　本合同期限从_____起至_____。任何一方若终止合同，应提前30天以书面形式通知对方并协助处理有关善后事宜。

第四章　外包费标准和结算方式

第九条　外包费标准按照财务服务外包项目内容的复杂程度确定。外包费按照甲、乙双方认可的方式结算。结算时，甲、乙双方本着真实、及时、有效的原则确认外包费；费用确认无误后，乙方提供符合甲方费用核算要求的有效结算单据，甲方在收到结算单据后五个工作日内完成对乙方的付款义务。

（一）甲方向乙方支付的服务费
1. 财务服务人员的劳动报酬。
2. 甲方应承担财务服务人员的相关社会保险费。
3. 甲方应向乙方支付的财务服务人员管理费。
4. 用于财务服务人员的其他费用：奖金、交通、通信、伙食补贴、过节费等。
5. 用于支付国家相关税额的税金：企业所得税、营业税及附加等。

（二）费用的标准
1. 财务服务人员的劳动报酬标准按国家和省的规定由甲方确定，并由甲方按月向乙方提供报酬清单。
2. 甲方应支付的相关社会保险费数额按双方约定的标准由乙方书面通知甲方。
3. 财务服务人员管理费标准：甲乙双方经过协商，由乙方发放技术人员工资，乙方收取每人每月500元的财务服务人员管理费。
4. 财务服务人员的其他费用标准为：交通、通信、伙食补贴按实际发生数支付；奖金、过节费按甲方规定金额执行，甲方享有对此项费用（财务服务人员的其他费用）

的支配权。

5. 国家相关税额的税金标准：根据国家相关税收法律规定执行。

　　甲方应支付的技术服务费
　　＝当月实际使用的技术人员数 × 本节(一)1 – 5 费用之和 × 技术服务月数。

服务期不超过半个月的，服务月数按半个月计算；服务期超过半个月、不满一个月的，服务月数按一个月计算。

(三)支付方式和支付时间

甲方应支付乙方＿＿＿＿元的财务服务外包费，甲方应于每月15日前支付当月服务费。乙方在取得费用后，将费用直接用于本节(一)1 – 5 费用。

第五章　权利和义务

第十条　甲方的权利

(一)甲方有权自行决定是否接受乙方派出的外包服务人员。

(二)如果乙方未能满足甲方在本协议项下的需要，或者独立第三方提出的条件优于乙方提出的条件，甲方可以从独立第三方获得该服务。

(三)甲方有权根据外包项目的工作需要制订相应的服务规范、考评办法，并及时以书面形式通知乙方执行，服务规范、考评办法的解释权在甲方；甲方有权要求乙方外包服务人员遵照甲方的服务规范和本合同的规定为甲方提供服务。甲方根据相关服务项目的质量考核指标要求，按月对乙方的服务质量进行考核。

(四)甲方有权对乙方派出的外包服务人员进行与服务项目相关的管理，并检查乙方外包服务人员的工作表现情况，包括上下班记录、服务情况、违规违纪情况、受表扬、被投诉等。

(五)甲方有权要求乙方提供外包服务人员的有关资料，包括会计证、劳务合同、社会保险证明、学历证明等。

(六)在提供财务服务外包过程中产生的财务资料和财务分析结论归甲方所有。

(七)甲方认为乙方有任何违反或可能违反本合同的行为，甲方有权提出书面意见要求乙方限期整改。乙方应在收到甲方的书面意见后五个工作日内，以书面形式将其整改的结果或整改措施回复甲方。

第十一条　甲方的义务

(一)在外包服务实施过程中，甲方应为乙方提供必要的技术支持与工作指导，配合乙方履行职责。

(二)甲方应建立、健全劳动安全卫生制度，严格执行国家劳动安全卫生规程和标准，对乙方外包服务人员进行劳动安全卫生教育，防止劳动事故，减少工作危害。同时为乙方外包服务人员提供符合国家规定的工作条件、劳动安全卫生条件和必要的劳动防护用品，对服务岗位的设施、设备定期进行维护和安全检查，保证工作场所的安全。

（三）甲方如有需要为乙方外包服务人员统一制作证件和工服的，相关费用由甲方承担。

（四）甲方不得将本合同的内容向甲乙双方以外的、与签订和履行本合同无关的任何第三方透露，不得泄露乙方的商业秘密（包括本合同及其附件和合同签订前的各项方案）。

第十二条　乙方的权利

根据法律、法规和本合同有关规定，乙方有权要求甲方依据本合同规定保障乙方派出外包服务人员的合法权益，若发现甲方有侵害乙方外包服务人员合法权益的行为，乙方可以提出书面意见和要求。甲方应在收到乙方的书面意见后十个工作日内以书面形式回复乙方。

第十三条　乙方的义务

（一）乙方代表甲方完成财务服务外包工作，必须严格遵守国家有关法律法规和行业规章制度及甲方有关规定，规范履行职责，并接受甲方的定期考核。

（二）乙方应按照甲方服务需求和标准提供外包服务人员，外包服务人员必须通过乙方的岗前公共职业培训，且具备甲方工作岗位所需要的技能素质和体能素质。乙方可要求甲方协助对新上岗的外包服务人员进行相关培训以及服务资格考核，对考核不合格者，乙方应予以更换。

（三）乙方负责为乙方外包服务人员依法办理劳动用工手续，在外包服务人员的聘用、辞退、工资福利、社会保险、奖惩升降、劳动保护等事项上依法保证乙方外包服务人员的合法权益，按时、足额为外包服务人员缴纳社会保险，保持外包服务人员的稳定性。

（四）乙方与外包服务人员发生劳动纠纷时，乙方应直接与外包服务人员交涉解决并自行承担相关责任，处理好纠纷，以免影响甲方的外包服务工作。如出现严重影响甲方外包服务工作的，由乙方承担所有损失责任。

（五）外包服务人员因工或在工作场所发生伤亡事故，由乙方配合甲方按相关规定进行妥善处理。对发生的事故处理费用和对外包服务人员的经济补偿等由责任方承担。

（六）乙方应教育、督促乙方外包服务人员在甲方提供服务期间按甲方的有关规章制度和作息时间完成相应服务工作，服从甲方人员与服务相关的管理和安排，接受甲方人员的监督和检查，以保障甲方业务的正常进行。

（七）乙方应教育、督促外包服务人员不得以任何形式向他人提供或泄露甲方的商业秘密，保证甲方业务利益不受损失，对甲方各类客户的资料、业务数据等应按照甲方相关文件及工作要求执行保密工作。如乙方外包服务人员泄露甲方商业机密造成甲方经济损失的，乙方应承担赔偿责任。

（八）乙方管理人员应经常到项目外包服务人员工作现场，协调及处理甲乙双方与外包服务人员之间的关系。乙方应当及时处理和协调甲方与外包服务人员之间的工作管理纠纷。

（九）乙方外包服务人员从甲方领取的工作工具、设备和其他物品，由甲方负责登记管理，在员工离职时，由乙方负责协助收回交还甲方。

（十）乙方有义务向甲方提供外包服务人员有关资料，包括会计证、劳务合同、社会保险证明、学历证明等。

（十一）乙方不得将本合同的内容向甲乙双方以外的、与签订和履行本合同无关的任何第三方透露，不得泄露甲方的商业秘密（包括本合同及其附件和合同签订前的各项方案）。

第六章　违约责任

第十四条　任何一方违反或擅自变更本合同的约定，应当承担由此给对方造成的经济损失和相关责任。

第十五条　因甲方原因不能按合同规定的时间及时支付外包费用，甲方每日应按3‰的比例向乙方支付拖欠部分的违约金。甲方连续拖欠款项达三个月以上，致使合同无法履行，乙方有权解除合同，并依法追回欠款和违约金。

第十六条　乙方无正当理由，未按时支付派出甲方外包服务人员的工资及办理各种社会保险等福利的，逾期十日以上的，甲方可终止本合同的履行，由此造成的损失和一切法律责任由乙方自行承担。

第十七条　甲乙任何一方按照本合同规定索取违约金或赔偿金时，应书面通知违约方并说明违约金或赔偿金额；违约方应在收到对方发出的书面索赔通知的十个工作日内按索赔要求支付违约金或经济赔偿；如违约方对违约金或赔偿金额有异议，应在收到通知后七个工作日内通知对方，双方应在收到对方的通知或答复后尽快协商明确违约责任。

第十八条　因执行本合同发生的一切争议，双方应首先友好协商解决。经协商不能解决，可向甲方所在地人民法院提起诉讼。在诉讼期间，除必须在诉讼过程中进行解决的问题外，合同其余部分应继续履行。

第七章　合同的变更和终止

第十九条　甲、乙双方有一方有正当理由要求变更本合同，须提前一个月以书面形式通知对方并协商解决，双方应签署变更合同。

第二十条　本合同期满双方不再续约或者因一方违约导致本合同无法履行，则本合同终止。但合同的终止不得损害第三方的利益，双方应为此做出合理安排。

第八章　附则

第二十一条　未经对方同意，甲乙任何一方不得将本合同部分或全部权利和义务转让给第三方。

  第二十二条 本合同中涉及的所有"通知""同意""确认"等事项均应以书面形式做出，并作为依据。

  第二十三条 本合同有关附件及补充合同是本合同不可分割的组成部分，与本合同具有同等法律效力；本合同未尽事宜，双方另行协商并签署补充合同，作为本合同的附件，具有同等法律效力。

  第二十四条 本合同一式四份，甲乙双方各执二份，经双方有权签字人签字并加盖单位公章之日起生效，至合同终止之日失效。

甲方：（盖章）   乙方：（盖章）

授权签约人签名：   授权签约人签名：

办公地点：   办公地点：

联系电话：   联系电话：

签订时间： 年 月 日 签订时间： 年 月 日

财务外包风险管理

【学习目标】

1. 了解财务外包风险识别的原则与特点;
2. 熟悉财务外包风险识别的方法;
3. 了解财务外包风险识别体系;
4. 了解财务外包风险计量的方法;
5. 掌握财务外包风险的应对策略;
6. 熟悉财务外包风险监控的原则、内容与风险监控措施;
7. 掌握财务外包风险监控步骤。

【案例引导】

A 公司的财务外包风险

某通信公司成立于 1999 年,主营通信业务,总部设于北京。A 公司为其 31 个省级子公司之一,下辖 8 个市级分支机构、104 个县级分支机构。A 公司于 2000 年 8 月在纽约联交所和香港挂牌上市,当年运营收入 10.70 亿元,2009 年运营收入超百亿。从 2005 年至 2009 年,年度净利润增长率均保持 15%～16.9%。

A 公司于 2002 年起将企业税务外包(代理商为某税务代理公司)。2002 年至 2007 年底,公司被税务机关检查发现的补税额为零。2007 年 7 月起 A 公司开始策划会计核算外包,为避免外包供应商交叉工作,于 2007 年 10 月起停止了税务外包。A 公司于 2005 年完成了人力资源、工程建设、网络运营、运营支撑等业务的全省集中管理,2006 年完成全省公司层面的财务集中管理。A 公司的主营业务是通信运营,公司核心业务为网络建设和市场营销;从 2000 年至 2007 年底,公司运营收入从 10 亿元上升至 73 亿元;员工人数从 7000 人增加至 12000 人;年人工成本从 4.5 亿元增加至 6.7 亿元;全省财务人员从 258 人降至 85 人,会计核算人员从 234 人降至 42 人;会计核算业务量(会计分录数)从平均 2980 笔/月增至 21300 笔/月。鉴于日益增长的财务业务量和会计核算人员瓶颈,公司于 2008 年起将企业会计核算全面外包(代理商为当地一家会计师事务所),外包费用初定为 120 万元/年(如果业务笔数超出一定量可按笔数增加费用)。

A 公司 1999 年成立时所使用的会计核算系统是由石家庄一家软件公司专门为电信企业(当时称为邮电系统)量身打造的财务软件;2000 年公司上市后,由集团总部统一实施全国电算化工程,引入了杭州一家公司开发的会计核算软件以替代原软件,A 公司为此分摊成本555万元；2003年底再次在集团总部的"与国际接轨"的要求下，公司引入ERP系统(企业资源管理系统)，与原软件并行使用，2004年1月弃用原会计核算软件，全面使用ERP系统中的MIS(管理信息系统)进行会计核算，此项目A公司总投资额为1880万元(不含每年的维护成本)。出于各种原因，MIS系统已与公司核心业务密不可分，很难摒弃，故会计核算外包的前提之一是代理商必须沿用原系统。值得一提的是，这套按国际惯例开发的MIS系统在会计实务的操作上是比较复杂的，导致无形之中会计核算人员的某些工作量多了一倍，并且使用MIS系统后，软件运行速度比原来慢得多。

随着外包的推进，A公司发现，在实施过程中会面对较多的契约风险。比如，当系统出现故障时，代理商与系统集成商之间由于职责界定、故障界定标准、制度流程等不是很明确，相互间的沟通成了问题。代理商开始对代理费与工作量不成比例提出质疑，认为代理费太低，开始利用合同条款人为加大工作量，以赚取额外的代理费和加班费。

2009年，监管部门对A公司2008年的账务进行了检查，由于会计核算操作的不规范问题，A公司需要补罚税款超过1000万元。由于A企业在签订会计核算外包合同时，没有对代理方的过错要求剩余控制权或剩余索取权，代理商并未因此受到任何处罚，所有损失均由A公司承担。

另外，A公司还发现，通过外包，虽然人工成本得到了大幅降低，但可以预见，在未来的运作中，诸如监控成本、违约成本、系统改造成本等又将逐步产生。如何通过各种手段来规避这方面的风险，依然是一个值得思考的课题。

8.1 财务外包风险的识别

风险识别也称风险辨识，是在特定的系统中确定风险因素并定义其特征的过程。风险识别是风险管理的基础和起点，是风险管理的首要环节。它的任务是辨认本经济单位所面临的风险有哪些，确定各种风险的性质。在全面了解各种风险因素的基础上，预测风险可能造成的损失，从而选择处理风险的有效方法。

财务外包风险识别，是将财务外包活动面临的各种不确定因素一一鉴别出来。它是在财务外包危机发生前，采用一定的技术和方法对尚未发生的、潜在的以及客观存在的各种财务外包风险进行系统的、连续的预测、识别、推断和归纳，并分析其原因。财务外包风险识别是财务外包风险管理的重要环节。

8.1.1 财务外包风险识别的原则与特点

8.1.1.1 财务外包风险识别的原则

由于风险管理是一个以最低成本最大限度地降低系统风险的动态过程，因此，对财务外包风险识别提出的基本要求就是全面而有效地识别相关风险，即风险识别必须遵循完整性原则、系统性原则和重要性原则。

1. 完整性原则

财务外包风险识别的完整性原则是指在财务外包的风险计划制订阶段，应全面完整地识别出影响计划完成所潜伏的风险。不能因为风险管理者的主观原因而遗漏某些风险，尤其是一些重要的风险。为了保证风险识别的完整性，可以采用多种风险识别方法，从多个角度进行分析和识别。风险识别的方法很多，各种方法之间具有互相补充的作用，可以根据各企业财务外包的具体情况选取几种配合使用。

2. 系统性原则

财务外包风险识别的系统性原则就是要求在风险计划的制订阶段，应从财务外包全局的角度系统地识别风险。系统性主要表现为按照活动的内在流程、顺序、内在结构识别风险。

3. 重要性原则

财务外包风险识别的重要性原则是指财务外包风险识别应有所侧重。侧重点应放在两个方面：一是风险属性，着力把一些重要的风险即期望风险损失较大的风险识别出来，对于影响较小的风险可以忽略，不必花费太多的时间和人力、物力进行风险分析，这样有利于节约成本，保证风险识别的效率；二是风险载体，那些对财务外包整体目标都有重要影响的财务外包活动单元，必然是风险识别的重点。

系统性原则保证了财务外包风险识别的效果，而重要性原则保证了财务外包风险识别的效率。从财务外包活动的总体目标来说，风险识别的效率和效果都必不可少，不能偏弃任何一方，系统性原则与重要性原则应配合使用。

8.1.1.2 财务外包风险识别的特点

1. 风险识别是财务外包风险管理的重要环节

风险管理过程可划分为风险识别、风险计量、风险应对及风险监控四个流程。风险识别是风险管理的开始，识别财务外包风险是否存在，对财务外包风险因素进行解析，分析其产生的原因，对于准确构建财务外包风险计量体系、选择合理有效的财务外包风险应对策略及风险监控方法有着决定性的意义。即使有非常合理、有效、可行的财务外包风险应对策略，但如果这些应对策略或措施不能针对特定风险产生的原因，那么财务外包风险管理就缺乏针对性，缺乏有效性，其最终效果可能会不太理想。

2. 财务外包风险识别是一项复杂的工作

风险自身具有复杂性、多变性、潜在性等特点，导致财务外包风险识别的工作复杂。在财务外包风险识别过程中，存在一系列问题，例如，应该运用哪些方法对财务外包风险进行识别，导致风险事件发生的原因有哪些，识别出的财务外包风险是否全面、深刻等。因此，风险管理者的风险意识、风险洞察力、专业素质、职业判断就变得非常重要。风险意识较强、专业素质较高、职业判断准确的风险管理人员更容易察觉到风险的存在；相反，风险意识淡薄、专业素质相对欠缺的风险管理人员，即使风险存在，也可能觉察不到，甚至十分严重的、客观存在的风险也容易被忽视，从而导致重大损失。因此，不管风险管理人员制订的风险计量体系、风险应对计划、风险监控体系多么完美，如果有些风险在识别阶段没有被识别出来，没有得到应有的重视，则整个风险管理计划仍有缺陷。如果重大的财务外包风险因素被遗漏，就可能影响整个财务外包风险管理计划的效果。

3. 财务外包风险识别是一项连续性、计划性、系统性的工作

连续性是指对财务外包风险进行识别，要按照识别体系制订的计划一步一步进行，使工作具有连贯性，这样就会比较全面、无遗漏地识别出主要风险。事物总是在不断发展变化的，同样，风险的质和量、表现形式以及引致条件都可能随时改变，新的风险可能会不断出现，导致风险事件发生的原因也可能变化。财务外包风险管理工作如果没有连续性，就很难发现财务外包流程中的潜在风险，或者遗漏相关风险。所谓计划性，是指财务外包风险识别工作应该制订详细的计划，包括财务外包风险的识别原则、识别方法，财务外包风险因素的种类及风险因素的解析等。所谓系统性，是指财务外包风险识别过程中，要分析财务外包主体作为完整系统所具有的全部风险，包括潜在的风险，不能仅局限于某个流程、某个特定风险。

8.1.2 财务外包风险的识别方法

风险识别即是运用各类方法对风险进行系统的归类和对风险构成中的风险事件及其形成因素和后果实施全面的定性识别。如果没有系统科学的方法识别各种风险，就不可能把握可能发生的风险及其程度，也就难以选择处置和控制风险的方法。

常用的风险识别方法有：专家调查法、流程图分析法、工作风险分解法、情景分析法等。针对不同的财务外包模式，管理层应该根据企业的实际情况，选用适当的几种风险识别方法单独使用或者结合使用。

1. 专家调查法

专家调查法就是通过对多位财务外包风险管理领域专家的反复咨询及意见反馈，确定关键风险因素，然后制成财务外包风险因素估计调查表，交由专家对各风险因素出现的可能性进行估计，最后通过运用一定的统计学方法，对调查表的数据进行整理、分析，得到各风险因素的概率和可能的影响结果。专家调查法主要包括德尔菲法和头脑风暴法。

德尔菲法具有广泛的代表性，较为可靠，并且具有匿名性、统计性和收敛性的特点。它依据系统的程序，采用匿名发表意见的方式，即专家之间不得相互讨论，不发生横向联系，只能与调查人员直接联系，通过多轮次征询财务外包风险管理专家对问卷所提问题的意见及看法，经过反复调查、征询、汇总、修改，最后归纳成专家基本一致的意见，作为预测的结果。

头脑风暴法一般采用小组开会的形式，由五六个人组成小组，给每个人充分发表个人意见的机会，激发与会者的创造性，提出尽可能多的设想。它一般是组织成立一个专家小组会议，在会议上，各专家发挥自己的创造性思维，提出建设性的意见。这一方法对会议主持人的素质具有较高的要求，主持人在会议开始时的发言要能够激起专家们的

思维灵感，促使专家们思维活跃，快速形成问题的答案以及对问题的看法，并且感到急需回答会议提出的问题。这样，通过专家之间的信息交流和相互启发，促使专家们产生思维共振，以达到信息的相互补充，并产生组合效应，获取更多的信息，使财务外包风险识别的结果更加准确。

2. 流程图分析法

流程图分析法，也称生产流程分析法，是将一个特殊活动过程连续生动地描述成一幅流程图，在辨别整个生产过程的关键工序后进行风险识别的方法。随着财务外包环境的发展变化，财务外包风险的识别应当采用一种系统方法来进行，以确保财务外包的所有主要活动及风险都被囊括进来，并进行有效的分类。

3. 工作风险分解法

工作风险分解法（work breakdown system-risk breakdown system，WBS-RBS）是将工作分解成 WBS 树，风险分解成 RBS 树，然后以工作分解树和风险分解树交叉构成的 WBS－RBS 矩阵进行风险识别的方法。

工作风险分解法的实施包括三个步骤：一是工作分解；二是风险分解；三是套用 WBS－RBS 矩阵判断风险是否存在。在工作分解形成工作分解树时，主要是对风险主体与子部分以及子部分之间的结构关系和工作流程进行工作分解。

4. 情景分析法

情景分析法，又称脚本法、前景描述法，是假定某种现象或某种趋势将持续到未来的前提下，对预测对象可能出现的情况或引起的后果作出预测的方法。通常用来对预测对象的未来发展作出种种设想或预计，是一种直观的定性预测方法。

情景分析法适用于资金密集、产品或技术开发的前导期长、战略调整所需投入大、风险高的产业，如石油、钢铁等产业。例如，著名的皇家壳牌石油公司（BP）以注重战略规划著称，其关键之一就是运用情景分析法。BP 公司 20 世纪 70 年代成功地预测了因 OPEC 的出现而导致原油价格的上涨和 20 世纪 80 年代由于 OPEC 石油供应配额协议的破裂而导致原油价格的下跌。此后，BP 公司一举成为全球第二大石油公司。情景分析法还适用于不确定因素太多而无法进行唯一准确预测的情况，如制药业、金融业等。

8.1.3 财务外包风险识别体系

8.1.3.1 财务外包风险清单

财务外包活动可以分解为管理层决策、内部沟通、确定财务外包项目、甄选并确定外包供应商、签约、转交与过渡、接受服务并监督等细分流程。以财务外包细分流程为依据，分析其主要活动，得出第一层次风险因素：决策风险、理解风险、外包范围确定风险、外包供应商选择风险、合约风险、信息安全风险、实施风险等。进一步分析财务外包风险可能存在及发生的领域，对第一层风险进行细分，形成一份详细的财务外包风险清单，列明财务外包面临的各种主要风险，见表 8－1。

表 8-1 财务外包风险详细清单

流程	第一层风险	细分风险
管理层决策 P_1	决策风险 u_1	外包决策失误风险 c_1 成本超过预期风险 c_2
内部沟通 P_2	理解风险 u_2	员工不信任风险 c_3 员工反对风险 c_4
确定财务外包项目 P_3	外包范围确定风险 u_3	外包范围确定失当风险 c_5
甄选、确定外包供应商 P_4	外包供应商选择风险 u_4	外包供应商选择性风险 c_6
签约 P_5	合约风险 u_5	合同漏洞风险 c_7 合同欺骗风险 c_8
转交与过渡 P_6	信息安全风险 u_6	信息窃取风险 c_9 信息泄漏风险 c_{10} 信息丢失风险 c_{11}
接受服务并监督 P_7	实施风险 u_7	丧失专业技能风险 c_{12} 失去控制风险 c_{13} 合作中断风险 c_{14} 合作不信任风险 c_{15} 外包服务人员管理风险 c_{16} 企业文化冲突与适应性风险 c_{17}

8.1.3.2 财务外包风险因素

1. 决策风险

决策风险是指管理层在做出财务外包决策时产生的外包决策失误风险以及可能的成本超过预期风险。

2. 理解风险

理解风险是指管理层决定实施财务外包后,内部沟通过程产生的员工不信任风险甚至员工反对风险。例如,员工表现出不支持或者反对的态度,对管理层的一系列决策将信将疑或者想方设法阻止管理层的战略行为。这将导致财务外包难以实施,或者实施财务外包的成本增加。

每一位员工都与公司的发展息息相关,管理层获取员工尤其是相关财务人员的支持,是财务外包顺利实施的关键。因此,做好内部沟通对实现企业财务战略目标有重要意义。

3. 外包范围确定风险

外包范围确定风险是指在确定财务外包项目时,具体哪些财务工作外包,以及外包范围与程度到底多大所引致的风险。例如,企业是否外包应收账款业务,是否外包财务报表业务,是否外包管理会计业务,等等。这些都关系着企业的核心竞争力是否受到影响。如果外包范围确定不当，将影响财务外包的实施效果，达不到预期的财务战略目标。

4. 外包供应商选择风险

企业在选择外包供应商时，会面对巨大的决策风险。一个优秀的外包供应商可以给企业带来新的发展机会；反之则会将企业带入深渊。因此，选择合适的外包供应商是企业实施财务外包战略很关键的一步。

外包供应商选择风险是指在甄选、确定外包供应商时，由于信息不对称，企业无法真正了解到外包供应商的相关信息（如服务质量、经营业绩、企业信誉、发展状况等），而选择了不适合自己的外包供应商所带来的风险。例如，外包供应商不能如期执行受托工作导致财务工作中断，或者服务质量不到位导致服务无法达到预期水平等，而给企业带来不必要的损失。

5. 合约风险

合约风险是指与外包供应商签约时可能产生的合同漏洞风险以及合同欺骗风险。例如，对具体外包项目、保密条款约定不明确，或与外包供应商签订合同时服务提供商可能做出欺骗行为，给企业带来损失。

6. 信息安全风险

信息安全风险是指财务外包实施过程中，公司内部的一些重要信息（如客户和外包供应商的资料、公司的开户银行资料、公司产品的成本核算及定价资料等）被窃取、泄漏及丢失的风险。由于财务工作比较特殊，财务部门在日常财务与会计处理的过程中累积形成了大量的内部信息，有的信息甚至属于公司的商业机密，这些信息一旦被窃取、泄漏或者丢失，可能会给公司造成难以估计的损失。

信息窃取风险主要是由外包服务提供商对公司的信息资料保管不完善造成的。外包服务提供商是否有专人负责保管公司的相关资料、是否建立了完善的安全保管制度以及内部牵制制度、服务人员的专业素质情况、服务人员访问发包企业资料的网络技术平台是否有安全的密码防范措施和可靠的防火墙技术等，这些因素都可能影响到企业信息是否会被他人窃取。

信息泄漏风险是财务外包面临的可能性比较大的信息安全风险，它主要是由外包服务提供商对公司的信息资料保密措施不完善造成的。外包服务提供商对于所服务公司的信息资料是否建立了严格的保密制度、服务人员的职业道德水平、是否有明确的责任追究制度来约束服务人员、风险责任是否落实到个人等，这些因素都可能影响到服务人员是否将接触到的资料泄漏出去。

信息丢失风险主要来自财务信息处理和传递过程中网络技术平台方面的缺陷。网络技术平台的稳定性程度、技术问题发生时的处理措施以及处理是否及时等，这些因素都会影响公司的内部信息被丢失的可能性。

7. 实施风险

实施风险是指企业在接受外包服务并监督的过程中可能产生的一系列风险，如失去控制风险、合作中断风险、合作不信任风险、外包服务人员管理风险、企业文化冲突与适应性风险等。

失去控制风险是指企业实施财务外包后，由于企业对外包服务提供商的过度信赖，可能对财务工作以及外包人员失去控制，导致不可挽回的局面。

合作中断风险是指企业实施财务外包后，与外包服务提供商出现难以沟通的情况导致合作中断的风险，这会直接导致企业财务工作中断。如果合作中断发生在忙碌的月底或者年底，情况更是不堪设想。

合作不信任风险主要是指企业员工对外包服务人员不信任产生的风险。由于财务外包并没有达到普遍应用的程度，企业中的许多员工对财务外包有一定的误解，认为如果公司实施财务外包，就会造成财务信息的泄露，或者担心自己将来会被解雇，因此，他们对财务外包有一种普遍的排斥心理，在与外包服务人员的合作过程中，产生不信任甚至抵触的现象。在外包服务人员需要进一步了解公司的财务状况或者公司的财务管理制度时，有些员工就可能产生顾虑从而将重要信息隐瞒，或者不配合，甚至阻碍外包服务人员的工作，导致外包服务人员不能很好地发挥自己的职能，难以提供高质量的服务，影响双方的合作以及财务外包的效果。

外包服务人员管理风险主要是指本公司对于外包服务人员的管理存在一定的难度，由此导致的风险。由于外包服务提供商和本公司仅是合作关系，本公司就很难对对方派遣的服务人员进行管理。虽然可以对服务人员的服务质量、专业水平、职业道德等进行考核与评价，但是难以与其薪酬挂钩，不能转化为激励机制，对服务人员也难以起到约束作用。这使得本公司对外包服务人员的管理显得乏力，也就无法保证合同约定的外包服务内容被完整、有效地执行，不可避免地增加了财务外包的不确定性。

企业文化冲突与适应性风险是指由于公司之间的文化差异而造成的潜在风险。由于公司的经营理念不同、企业文化不同，这就导致服务人员在短时间内不能很好地适应所服务公司的文化环境，甚至产生观念上的冲突，引起企业员工不满，造成服务质量与效率的下降，从而影响财务外包的整体效果。

8.2 财务外包风险的计量

风险计量是对识别出的风险做进一步的分析，通过运用科学的方法，对各项风险因素发生的概率和强度进行衡量、评价，从而为风险应对策略的选择提供精确的依据。

风险计量一般包括风险估计和风险评价。风险估计是对单个风险因素发生的概率和损失严重程度的衡量。风险评价是对各风险事件可能造成的损失进行评价，从而确定风险事件严重程度顺序，对于期望损失严重的风险因素应重点关注与控制。这两个步骤关系紧密，在风险管理实践中往往同时进行。下面从财务外包整体风险等级确定和财务外包细分风险重要性排序两方面来对财务外包风险进行计量。

8.2.1 财务外包整体风险等级确定

对于预实施财务外包的企业，财务外包整体风险的等级会影响企业的财务外包决策；对于正在实施财务外包的企业，财务外包整体风险的大小在一定程度上表明企业实施财务外包的效果，影响到管理层对财务外包风险的重视程度与管理。因此，对财务外包风险进行总体评价十分必要。下面通过综合评判法对财务外包整体风险进行评价。

1. 综合评判法

综合评判法是综合决策的数学工具，它根据模糊数学的隶属度原则，通过模糊集合的概念将定性评价方法转化为定量评价，即通过因素集、权重集、评价等级集的建立，用模糊数学的方法对受到多种因素影响的对象、事物或项目做出总体的评价。

确定财务外包整体风险等级的方法有很多，运用综合评判法确定财务外包整体风险等级，具有以下显著优点：

(1) 能够依据财务外包的具体情况，有重点地选择风险因素，并科学、合理地确定各财务外包风险因素的权重。

(2) 可以请有经验的风险管理专家或者公司高级管理人员对财务外包各风险因素进行评判，给出合理的评判矩阵。

(3) 通过使用模糊集合来确定财务外包风险各影响因素的权重集、建立评判矩阵等，它能够比较科学地处理人类思维的主动性和模糊性，能够较为精确地处理不精确、不完全信息，使得财务外包整体风险等级的确定更加精确，更具科学性。

2. 计量步骤

将综合评判法应用于财务外包风险评价时，分为以下五个步骤：

(1) 确定因素集 $U = \{u_1, u_2, u_3, u_4, u_5, u_6, u_7\}$，即将财务外包风险清单中的第一层风险作为因素集。

(2) 确定各影响因素的权重集 $W = \{w_1, w_2, w_3, w_4, w_5, w_6, w_7\}$，其权重之和为 1。

(3) 建立风险评价等级集 $E = \{e_1, e_2, e_3, e_4, e_5\} = \{$低风险，较低风险，一般风险，较高风险，高风险$\}$。

(4) 单因素判断，建立评判矩阵，即对 U 中每一因素，根据风险评价等级集 E 中的等级指标进行评判，所有单因素评判的模糊集组成评判矩阵 $R = (r_{ij})_{7 \times 5}$，其中，$r_{ij}$ 表示 u_i 关于 e_i 的隶属程度，(U, E, R) 则构成了一个综合评判模型。

(5) 进行综合评判，将权重集 W 与评判矩阵 R 合成，得到综合评判结果 $B = W \cdot R = \{b_1, b_2, b_3, b_4, b_5\}$，并根据最大隶属度原则确定风险评判等级，其中计算 B_j 的公式为：

$$B_j = W \cdot R = \sum w_i r_{ij}。$$

8.2.2　财务外包细分风险重要性排序

基于财务外包风险详细清单，可以采用层次分析法对 7 个财务外包阶段及 17 种财务外包细分风险进行重要性排序，以明确财务外包风险管理的优先顺序、重点方向。

1. 层次分析法

层次分析法(the analytic hierarchy process，AHP)；由美国运筹学家、匹兹堡大学教授托马斯·塞蒂(T. L. Saaty)在 20 世纪 70 年代中期正式提出，是将定性分析方法和定量分析方法相结合，通过建立递阶层次结构、构造判断矩阵，进而进行单排序及一致性检验、总排序及一致性检验的决策分析方法。

AHP 分析法的基本思想是将与决策有关的元素分解成目标、准则、方案等层次，在最低层次通过两两对比得出各因素的权重，通过由低到高的层层分析计算，最后得出各方案对总目标的权数，为决策者提供决策依据。它将人们的思维过程运用一定的数学方法进行加工整理，从定性分析问题转化为定量分析问题，提出一套系统分析复杂问题的方法，从而提高决策的精确度，为科学管理和决策提供比较有说服力的依据。

对于解决复杂的决策问题，这种方法具有计算过程简单明了、计算结果客观准确等特点。通过对问题的影响因素进行分层，运用职业判断、洞察力和经验，对各影响因素进行比较判断，利用有限的半定性、半定量信息，使决策过程数学化、定量化，从而为多目标、多准则或无结构特性的复杂决策问题提供简便有效的决策方法。它不仅适用于决策过程存在不确定性的情况，而且还适应较多的主观判断信息决策，尤其适合于对决策结果难以直接准确判断的场合。

层次分析法简单明了，适用范围广，能够通过模型将人们的主观判断反映出来，将其应用于财务外包细分风险研究具有以下优点。

(1)层次分析法最大的优点是将复杂的决策系统层次化，建立目标层、准测层、方案层等递阶层次结构，通过逐层比较各细分风险的相对重要性，使得决策更加科学、准确，使细分风险重要性排序更具有精确性、客观性。

(2)层次分析法简单明了，使得管理层对细分风险重要性排序更容易操作，判断风险重点更为迅速，能更好地实时监控风险，提出具有针对性的应对策略。

(3)企业管理层往往无法直接对财务外包各风险因素做出比较，不同层次的细分风险更是难以直接衡量比较，因此这就需要一种巧妙的方法对不同层次的财务外包风险进行衡量。层次分析法是解决这类问题非常有效的方法。它通过运用单排序、总排序及一致性检验的方法，将不同层次的财务外包风险因素分别进行衡量、排序，为财务外包风险的分析决策提供科学定量的依据。

2. 计量步骤

将 AHP 应用于财务外包风险评价时，分为以下四个步骤。

(1)建立递阶层次结构。结合财务外包风险清单与 AHP 的具体要求，将财务外包风险评价作为目标层(最高层)，将财务外包流程作为中间层，将各流程可能存在的财务外包细分风险(c_1，c_2，…，c_{17})作为对象层(最低层)，构架出财务外包风险 AHP 结构模型，如图 8-1 所示。

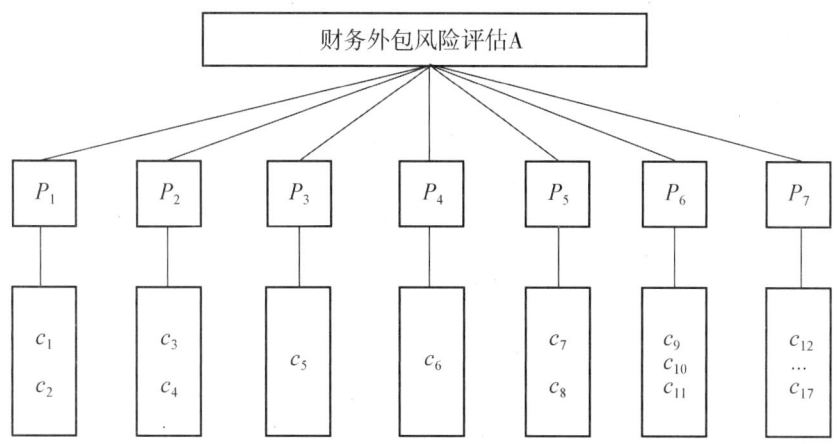

图 8-1 财务外包风险 AHP 结构模型

(2)构造两两比较判断矩阵。即对递阶层次结构中每一层次元素的相对重要性做出判断。矩阵中的数字用 1，2，…，9 以及它们的倒数来表示，其含义如下：1 代表两风险因素同等重要；3 代表一个因素比另一个因素稍微重要；5 代表一个因素比另一个因素重要；7 代表一个因素比另一个因素重要得多；9 代表一个因素和另一个因素相比极端重要。它们之间的数 2、4、6、8 以及其倒数有相应类似的意义。

(3)单排序及一致性检验。即利用方根法或/和积法计算被比较元素的相对权重，得出各层次元素的排序，并检验一致性。一致性检验是指决策者做两两比较时的一致性程度，如果一致性程度达不到要求，决策者应该在实施层次分析前重新审核并修改两两比较。AHP 测量两两比较一致性的方法是计算一致性比率，如果这个比率大于 0.10，那么表明两两比较的判断中存在不一致；如果一致性比率小于或等于 0.10，那么两两比较的一致性就较合理，可以继续做 AHP 的综合计算。

(4)总排序及一致性检验。即根据上述各判断矩阵所计算的各因素权重进行总排序，得出财务外包细分风险(c_1，c_2，…，c_{17})的权重 W_j，这一权重所对应财务外包风险的排列顺序便表示财务外包风险的重要性排序，其中，

$$W_j = (w_1, w_2, \cdots, w_{17}), \quad j = 1, 2, \cdots, 17。$$

8.3 财务外包风险的应对

风险应对是风险管理总体程序至关重要的一部分。由于情况是不断发生变化的，企业必须紧跟风险识别、计量，实施相应的应对策略。可选的风险应对策略有风险降低、风险转移和风险保留三种。企业管理层应该以最小的成本获得最大的安全保障，将风险降低至可接受的范围。

8.3.1　风险降低策略

当财务外包整体风险评判结果为一般风险或较低风险时，企业往往可以采取风险降低策略，此时的风险损失期望值往往较低，只要采取合理、有效的措施就可以将风险降低至可接受的范围。以下从合理确定财务外包项目、谨慎选择外包服务提供商、制定详细的外包合同、加强与外包服务提供商的沟通等四方面分析财务外包风险的降低策略。

1. 合理确定财务外包项目

企业在实施财务外包战略时，要根据企业的实际情况，充分考虑企业自身的财务管理能力，认识到财务外包存在的潜在风险，合理确定财务外包项目。

一般来说，财务外包的项目应该是企业财务与会计管理过程中不涉及商业秘密、管理相对薄弱、繁冗复杂、劳动价值比较低、外包后能明显降低成本的财务工作。同时，企业应该掌握关键的、核心的财务管理环节和程序，一般对于关键的财务岗位和可能涉及商业机密的财务环节或项目不能外包，如果要外包则应该与服务提供商在合同中约定保密事项，或者与服务提供商建立可靠的信任关系后才能外包。因为一旦这些关键控制点或重要环节失去掌控，将可能导致不可接受的财务外包风险。

财务外包过程是一个高风险活动，企业应该从实际情况出发，做出几套详细方案，对财务外包项目做出细致说明，并运用一定的方法反复比较，最后选择合适的财务外包项目，确定合理的财务外包范围，保证财务外包业务健康、良好地运行。

2. 谨慎选择外包服务提供商

能否选择正确的财务外包服务提供商将直接决定企业是否面临税务风险、账务能否被有效管理、税收优惠政策能否充分享受、财税安排是否可以配合企业的战略发展。这些是企业高管在选择财务外包服务提供商时应该充分考虑的关键因素。由于财务外包涉及企业财务秘密，转移成本较高，并且企业在一定程度上依赖外包服务提供商，因此外包服务提供商的选择尤为重要。一般来说，外包服务提供商的选择应考虑以下几方面。

（1）注重外包服务提供商的服务价格。企业选择财务外包的原因之一是因为财务外包能够给企业带来显著的经济效益，因此，外包服务提供商的服务成本必须低于企业不采取财务外包时的成本，同时在其他条件一致的情况下，优先选择服务价格较低的外包服务提供商。

（2）注重外包服务提供商的服务质量。外包服务提供商的服务质量是很关键的一个因素，外包服务提供商能否达到企业的要求，帮助企业节约成本及做好财务工作，决定了企业财务外包战略的成败，也直接关系着财务外包的效果。因此，企业应该选择服务质量较高的外包服务提供商。一般来说，社会声誉越高、企业财务管理经验越丰富的外包服务提供商，其服务质量越高，服务水平越专业，对企业的忠诚度越高，越能够帮助企业实现财务战略目标。

（3）实地了解外包服务提供商的专业人员管理制度，包括服务提供商内部是否建立了完善的职权分工、相互牵制的控制制度，是否有健全的责任制度，是否建立了服务人员的激励机制，服务团队的专业素质和职业道德素质情况，人员离职后的保密协议签订情况等。

企业应根据实际情况，谨慎选择外包服务提供商，做到货比三家，详细了解每一个外包服务提供商的信用水平、服务质量以及服务性价比，选择适合于本企业的服务提供商，规避外包服务提供商选择风险，使财务外包效果达到最佳。这样不仅能降低企业财务管理成本，也能兼顾服务提供商的利益，既实现企业利益最大化，又有利于服务提供商持续稳定发展，达到共赢局面。

3. 制定详细的外包合同

企业确定了财务外包项目，选择了合适的外包服务提供商后，接下来与外包服务提供商签订详细、明确的合同或服务协议也同样十分重要。合同的基本内容包括：双方当事人，财务外包的具体项目，财务外包款项的支付时间、支付方式、支付金额，财务外包服务的期限，双方的权利和义务，等等。另外，由于财务外包的特殊性，以下问题也必须在合同中做出详细的说明。

（1）企业与外包服务提供商必须在合同中明确规定财务外包的收益分配标准和风险承担原则。企业应该与外包服务提供商进行充分协商，找到双方均能接受的收益分配标准和风险承担原则，并在合同中做出明确的说明。例如，合同应就如何分配财务外包所带来的收益、一旦风险发生由谁承担风险所致的损失等诸如此类的问题做出明确约定。

（2）企业应该与外包服务提供商在合同中约定详细的财务信息保密措施。财务工作涉及企业很多重要信息，如客户的相关资料、产品的成本核算及定价、并购资料等，这些信息一旦泄漏可能会给企业带来难以估计的损失。因此，企业应该在合同中约定财务信息保密措施，阐明外包服务提供商采取哪些措施保证企业财务信息的安全。

（3）企业还应该与外包服务提供商在合同中约定出现特殊情况时的应急措施和处理程序。由于经济环境复杂多变，财务外包过程中随时可能会出现双方都意想不到的情况，因此，约定好应急措施和处理程序，有利于保证财务外包的顺利进行。

（4）企业应该与外包服务提供商在合同中约定完善的报酬激励条款。企业与外包服务提供商是合作伙伴关系，如果企业在合同中只注重违约责任、风险损失责任等，缺乏有效的激励措施，则往往会影响双方的合作关系，很难产生双方共赢的局面。因此，约定完善的报酬激励条款，建立良好的合作关系，能够使双方的目标趋于一致，保证外包的服务质量和服务效果，实现双方共同的利益。

企业应该尽力避免签约产生的合约风险，在财务外包项目的预期效果、阶段考核、信息安全、损失赔偿等方面的条款应当十分明确、详细，不能有模棱两可的描述或各种误差，尽量避免合同存在漏洞，同时应避免与非法外包服务提供商签订合同，以规避不必要的风险。

4. 加强与外包服务提供商的沟通

在接受外包服务与监督阶段，企业的财务部门并不是无事可做、消极等待，而应该加强与外包服务提供商的沟通，以使财务外包活动更加有序地进行下去。总体来说，企业应该从以下几方面加强与外包服务提供商的沟通。

（1）企业应该与外包服务人员相互信任，通过定期举办联谊活动、企业文化相互了解活动等，建立良好的合作伙伴关系，避免合作中断风险、合作不信任风险、企业文化冲突与适应性风险等。

（2）企业的财务人员应积极参与、配合外包服务人员的工作，为外包服务人员提供必要的帮助，使他们更好、更快地投入工作，高质量地完成服务内容。

（3）企业的财务管理人员应该对财务外包活动随时监测和评估，对细分风险排序中所占比重较大的财务外包风险因素进行重点关注，并及时与服务提供商交换意见，以排除风险，降低风险发生的概率，使风险发生的损失降至最低。

企业在与外包服务提供商沟通时，应该不断增进双方合作的深度与广度，始终保持与服务提供商之间良好的合作关系，持续提升外包状态下的财务管理水平。

8.3.2　风险转移策略

当企业整体风险评判结果为较高风险或高风险时，风险损失期望值较高，往往需要采取风险转移策略，将风险转移出去。采用风险转移的目的是，以较低的风险转移成本，将风险转移给另一家企业、公司或机构。转移风险并不会降低其可能的严重程度，只是从一方移除后转移给另外一方。转移风险时，管理层应考虑各方的目标、转移的能力、存在风险的情景以及成本效益。

广泛使用的风险转移方式有：①通过合同及财务协议转移给合同对方；②通过担保将风险转移给担保人；③通过选择有关的险种将风险转移给保险公司。

1. 合同及财务协议

合同及财务协议是转移风险的主要方式。企业应在与外包服务提供商签订外包合同时通过设定保护性合同条款将风险转移给合同对方，即在合同中明确外包的风险以及由此而带来的损失由谁承担。如果损失由外包服务提供商承担，那么企业就可以将相关财务外包风险转移给外包服务提供商。

通过在合同及财务协议中约定风险损失承担者来转移财务外包风险，其风险转移成本相对较低。因为企业可以与外包服务提供商进行谈判，将财务外包风险转移给服务提供商，同时企业不需要直接支付转移费用，只需要承担隐性的转移成本，而且企业可以通过与外包服务提供商谈判，控制隐性转移成本的金额。从本质上来说，隐性转移成本是企业需要向外包服务提供商支付的风险保障费用，也就是保证风险损失不发生所要付出的代价。从实践上来说，隐性转移成本的金额可以在外包服务提供商既定财务外包款项的基础上增加一定的金额，增加的金额一般来说会比直接支付转移费用低。

2. 担保

担保是通过订立经济合同，将财务外包风险以及与风险有关的财务结果转移给担保人。担保分为保证担保和财产担保。保证担保是以人的信用担保债权的实现，此时保证人往往需要具有较高的社会地位或者稳定的收入等。财产担保是以财产保证债权的实现，包括抵押担保、质押担保和留置担保。它是将财务外包风险转移给第三方的重要途径。

3. 购买保险

购买保险具体来说就是企业通过向非关联的第三方付款，让其代为承担风险。接受被转移风险的一方，通常要收取保费。简单地说，就是为财务外包缴纳保险，将财务外包风险转移给保险公司。一旦预期风险发生并且造成了损失，则保险人必须在合同规定的责任范围之内进行经济赔偿。

与其他风险转移方式相比,购买保险转移风险的效率是比较高的,所以通过购买保险将财务外包风险转移是一种很好的、最常见的风险管理方式。需要指出的是,它需要另外承担一定的风险转移成本,即保费。这属于显性的费用支出,其转移成本相对较高。因此,决策者应该慎重考虑,做好决策。

8.3.3 风险保留策略

当财务外包整体风险评判结果为低风险或者较低风险时,企业往往可以采取风险保留策略,此时的风险损失期望值往往比较低,企业通过计提财务外包风险准备金可以自行吸收,或者直接接受风险所致损失所付出的成本较低。总体来说,采用风险保留策略时,管理层需要考虑所有的方案,在对所有可能的降低、转移策略进行必要的分析之后再决定是否保留风险。如果已经做出了保留风险的决策,那么管理层应对付诸实施的影响及风险发生的可能性十分清楚。对于风险保留策略,主要有风险吸收和风险接受两个方面。

1. 风险吸收

风险吸收是指企业自己将财务外包风险消化、吸收。比较常用的方法是成立财务外包风险准备金制度,即企业通过定期计提一定的风险准备金来达到吸收风险的目的。通过这种方法,即使外包决策失误或者成本超过预期,企业也能够自行吸收风险。

风险准备金制度是从财务角度出发,按照拟定的计划另外增加一笔风险预备费用,为可能发生的财务外包风险筹集备用资金。一旦风险发生,企业在无法转移风险的情况下,可以自行吸收风险所带来的损失。风险准备金的多少是一项管理决策。从理论上说,风险准备金的数量应该等于风险损失期望值,即风险发生所带来的损失与风险发生概率的乘积,可以用数学公式表达为:

风险准备金=风险损失×风险发生的概率。

例如,企业进行财务外包,总投资额为1000万元,假设与服务提供商的合作中断,合作中断风险发生产生的直接损失及间接损失为300万元,风险管理专家估计其发生的概率为1%,则风险准备金的数量即为:$300 \times 1\% = 3$(万元)。

2. 风险接受

风险接受通常是因为没有其他备选方法(被动接受),或者虽然有其他备选方法,但是接受风险比采取其他风险应对策略更经济,成本更节约,付出的代价更小(主动保留)。

总之,企业决策者应该综合考虑三种风险应对策略。一旦为一种特殊风险确定了风险应对策略,就必须制订具体措施,以落实这一应对策略。在决策过程中,应该以成本与效益相比较这一原则作为权衡决策方案的依据。在实际运作中,比较可行的办法是在获取同样安全保障的前提下,选择成本最小的决策方案。

8.4 财务外包风险的监控

财务外包风险监控是通过对财务外包风险识别、计量、应对等全过程的监视和控制，动态跟踪财务外包风险因素的变化，运用一定的方法及时预测可能造成的损失，并采取针对性的风险应对策略控制风险，使风险损失降到最低，保证财务外包的效果达到预期的目标。

财务外包风险监控的目的是对财务外包风险应对产生的实际效果进行评价，确定细分风险是否得到有效的控制、是否仍有残留风险存在、是否还会出现新的风险因素，进而确定是否还需要对风险管理计划做出调整。

8.4.1 财务外包风险监控的必要性和时机

1. 财务外包风险监控的必要性

财务外包风险管理在实施过程中会遇到难以预料的情况，风险识别、风险估测即使非常仔细、全面，也不可能把所有的风险都认识清楚，因此必须反复多次地进行检测，并监控实际情况的变化，随时制订和实施防范措施。

虽然通过风险分析识别到了风险，对识别出的风险进行了定性、定量的分析，制订了风险控制计划，但在财务外包推进的过程中风险可能衰退也可能增大，所以在财务外包执行过程中，还要对风险管理的过程进行监督和控制，或者建立预警体系使财务外包相关主体做好应对风险的准备。此外，财务外包风险监控还包括识别新的风险并将其反馈到正在进行的风险管理进程中等诸如此类的工作。随着财务外包活动的进展，原先识别到的风险可能消失，而未识别的风险又可能出现，所以良好的风险监控能为风险管理者提供信息，并在风险发生前做出有效决策。财务外包风险监控的必要性主要体现在以下两个方面。

（1）随着财务外包活动的进一步深入，财务外包过程中的各种不确定性因素会逐渐显现，对已经识别的财务外包风险因素的重要性排序是否还具有准确性，对出现的新的风险因素是否需要重新计量，这都需要随时对财务外包风险进行监控，以便及时发现风险、处置风险，预防风险发生带来的损失。

（2）对于已经发现的财务外包风险，管理层采取的财务外包风险应对策略是否真正降低了风险损失，是否能够达到预期的财务战略目标，也要求企业对财务外包活动进行及时的监控。如果已经采取的风险应对策略收到了预期的效果，对降低风险损失比较有效，那么企业应该继续采用原来的应对策略；如果已经采取的风险应对策略并没有起到明显的效果，对降低风险损失没有多大的作用，那么管理人员应该采取纠正措施，重新选择风险应对策略控制风险；如果已经采取的风险应对策略对于降低风险有一定的作用，但是效果不理想，那么管理人员应该及时找到原因，加强对风险的控制或者寻找更好的应对方法，以获得最大的安全保障。

2. 财务外包风险监控的时机

企业管理人员应该在什么时候对财务外包风险进行监控，这个问题一直困扰着企业管理层。一般来说，最有效的风险监控应该是随时监控财务外包活动，但是这样企业需要耗费很多的人力、物力、财力，付出的代价太高。因此，在经济可行与风险监控效果之间做好权衡、选择好风险监控的时机就变得非常重要。那么，该如何选择风险监控的时机呢？一般来说，当财务外包活动发出了以下几种危险信号时，企业应该选择实施必要的风险监控程序。

（1）已经识别的财务外包风险对企业造成了不能接受的威胁时。

（2）已经识别的财务外包风险即将对企业造成不能接受的威胁时。

（3）企业财务外包过程中出现了新的不稳定因素，阻碍了财务外包活动的顺利实施时。

（4）财务外包整体风险评判结果为高风险或者较高风险时。

（5）财务外包细分风险重要性排序中较高的风险因素需要采取风险降低、转移等应对策略时。

（6）财务外包风险应对策略对财务外包风险的控制没有起到显著的作用时。

总之，财务外包风险监控的时机取决于管理人员对风险发生的职业判断，既要有效地防范风险，又要经济可行。

8.4.2 财务外包风险监控的依据和原则

8.4.2.1 财务外包风险监控的依据

财务外包风险监控的依据主要包括以下几个方面。

1. 财务外包风险管理规划

财务外包风险管理规划规定了财务外包风险监控的方法和技术、指标、时机、工作安排，是财务外包风险监控的指导性计划。

2. 财务外包风险应对计划

财务外包风险应对计划阐述了详细、具体的风险应对策略，以及根据风险计量的结果科学、合理地选择风险应对策略，为财务外包风险监控的内容、对象、时机提供了依据。

3. 环境的变化情况

环境变化包括财务外包外部环境的变化和财务外包本身的变更。如果财务外包的内容或财务外包过程中出现大的变更，则要进行新的风险分析和风险应对。在财务外包风险管理实施过程中，各种日常的反馈信息也是进一步采取风险处置措施的依据。

4. 新识别出的风险

新识别出的风险包括已识别出的次要风险成为关键风险，以及原先不存在或没有识别出来的风险因素或风险事件。在细分风险的识别和分析过程中，对未曾识别的风险要予以特别重视。

5. 发生了的风险事件和已实施的财务外包风险应对计划

对于发生了的风险事件应该实施风险控制，已实施的财务外包风险应对计划也应该进行风险监视，以对财务外包风险进行控制、转移，降低企业运营风险与财务风险，实现企业财务战略目标。

财务外包风险应对与监控就是"计划—决策—监控"不断交替进行、循环反复的过程，通过实施风险应对与监控将目标风险控制到一定程度，确保各项财务外包活动的正常实施和顺利完成。

8.4.2.2 财务外包风险监控的原则

进行财务外包风险监控一般要遵循以下原则。

1. 及时性

及时性体现在两个方面，一是在进行财务外包风险监测的时候要及时发现风险；二是在风险控制的时候要及时采取有效措施，在风险尚未造成巨大损失的时候消除风险或将风险控制在可以接受的范围之内。通常，风险监控通过设立风险预警和应急预案机制对有可能发生的风险提前预防。一旦出现危险信号，企业应及时采取措施，预防风险的发生，降低风险发生的损失，以获取最大的安全保障。

2. 持续性

因为风险是无时无刻不在的，所以财务外包风险监控是贯穿整个财务外包活动生命周期的，是一个持续的过程。随着时间的推移，原有的财务外包环境可能发生变化，新的风险可能出现，原来的次要风险可能转化为主要风险，这时再按照原来制订的财务外包风险管理计划和财务外包风险应对计划进行风险监控就不能满足风险管理的要求了，必须根据财务外包环境的变化对风险监控进行动态调整。

3. 可操作性

企业在财务外包风险监控中，必须结合企业自身的能力和资源状况，合理选择控制措施，使其具有可操作性。一般来说，控制措施分为两类。第一类措施为主动的、积极的进攻策略，也称为风险调控措施，是针对治本性风险管理目标设定的策略。它是指主动出击、抵消风险的作用力，防范风险事件的发生，堵塞风险事件发生的缝隙，积极地控制风险、引导风险。第二类措施为被动的、消极的防守策略，也称为风险处置对策，是针对治标性风险管理目标而制订的策略。它是指对财务外包相关风险做出回避、转移等处理，使企业减少损失，改善所处的环境，摆脱被动的局面。财务外包风险管理的决策者要根据自身的特点合理选择控制措施。

8.4.3 财务外包风险监控的内容与措施

8.4.3.1 财务外包风险监控的内容

财务外包风险监控是循环反复的过程，其监控的内容相对比较复杂。一般来说，财务外包风险监控的内容主要包括以下几个方面。

(1) 已经识别出的细分风险，哪些已经发生，哪些正在发生，哪些即将发生，它们是否已经对财务外包活动产生了不良影响，或者是否会影响财务外包活动的顺利实施。

(2) 财务外包活动过程中是否有新的财务外包风险出现。如果有新的风险出现，则预测其发展变化趋势，监督其是否会对财务外包活动产生影响，以预防及控制其发生，降低风险所致损失。

（3）财务外包整体风险等级是否很高，细分风险重要性排序中较高的风险因素是否需要重点关注。

（4）实施的财务外包风险应对策略是否具有针对性，是否合理，是否收到预期的效果，是否需要制订新的应对策略。

（5）将风险的发生情况与预期的状态相比较，判断风险是否按照预期变化发展，并根据现有的数据资料对财务外包风险的进一步发展变化进行预测。

（6）对财务外包活动未来所处的经济环境进行预测分析，判断是否会影响到接下来的财务外包活动，是否会对财务战略目标产生影响。

8.4.3.2 财务外包风险监控的措施

财务外包风险监控措施主要包括权变措施、纠正措施、变更申请以及更新财务外包风险应对计划等。

1. 权变措施

权变措施是针对事先没有考虑到的财务外包风险因素提出的一种解决方案。企业的财务环境、经济环境复杂多变，企业的管理人员很难对所有的财务外包风险因素考虑周全，也很难对已识别的财务外包风险有充分的认识，那么管理人员在进行风险计量和提出风险应对策略时可能会忽略这些因素。这些未识别出的或已识别出的风险没有引起足够的重视，企业就可能会面临很大的困境。因此，在风险监控时要求企业管理人员随机应变，提出应急措施，并对这些应急措施实施进一步监控。

2. 纠正措施

纠正措施是针对财务外包活动风险应对策略失效而提出的应对方案。在风险监控过程中，由于出现没有识别出的风险，或者风险的发展变化未按照预期进行，或者出现其他计划外的情况，那么风险应对策略可能会对风险的控制不起作用，此时就需要纠正风险应对策略。一般的做法是，在对风险深入分析的基础上，找到风险发生的原因，重新识别风险，重新确定整体风险等级，对细分风险重新进行排序，然后针对计量的结果，补充风险应对策略。

3. 变更申请

变更申请是指由于财务外包活动中出现了新的情况，可能需要对财务外包的应对策略进行变更，并提出申请。

4. 更新财务外包风险应对计划

在财务外包风险监控的过程中，已经识别的财务外包风险随时可能会出现新的变化，现有的风险应对计划可能对降低风险发生的概率已经不再起作用。因此，企业的管理人员有必要对新发生的情况进行调查，找出原因，重新识别风险，对各种细分风险重新进行重要性排序，更新计量结果，并更新财务外包风险应对计划，以使新的重要风险得到有效控制。

8.4.4　财务外包风险监控的步骤

财务外包风险监控包括四个方面的工作：①对未来情况的预测；②对近期情况的衡量；③对预测的未来情况与近期情况进行比较；④及时拟定实现目标的措施或修正规定的计划及目标。

财务外包风险监控主要包括以下步骤。

(1)建立财务外包风险监控体系。企业应该建立完善的财务外包风险监控体系。一般而言，财务外包风险监控体系主要包括风险责任、风险信息报告制、风险监控决策制、风险监控沟通程序等。

(2)确定财务外包风险监控的风险事件。根据第一层风险排序结果及财务外包细分风险重要性排序结果，可以得知财务外包风险管理的重点，同时也是财务外包风险监控的重点，由此可以确定财务外包风险监控的风险事件。例如，如果合作中断风险相对较大，就可以确定财务外包风险监控的重点为与外包服务提供商的合作，那么风险事件就是导致合作中断的直接事项。

(3)确定财务外包风险监控责任。对于风险监控应该实行专人负责，将责任落实到个人，并明确岗位职责。财务外包风险监控可由程序的所有者或独立审查人员执行，如企业风险管理部门或内部审计师。

(4)确定财务外包风险监控的时机。这是指对风险的监控要制订相应的时间计划和安排，不仅包括进行监测的时间点和监测持续时间，还应包括解决风险问题的时间限制。

(5)制订具体财务外包风险监控方案。企业应该根据财务外包风险的识别体系、计量结果、应对策略以及财务外包风险的特性制订出具体的风险监控方案。通常，企业需要制订几套备选方案，并对几套方案做出效果评价，选定评价效果最好的方案。

(6)实施财务外包风险监控方案。制订具体的财务外包风险监控方案后，企业要按照计划方案对财务外包风险进行密切的监督与控制。

(7)跟踪具体风险的控制结果。所采取的风险控制措施对降低风险是否有效，风险的发展是否有新的变化，企业管理人员应该收集这些信息，并及时跟踪风险控制结果，从而指导财务外包风险监控方案的具体实施。例如，对于需要重点关注的成本超过预期风险、信息泄露风险、失去控制风险等，在实施风险应对策略后是否得到了有效的控制，这些风险是否会有新的情况出现，等等，对实施财务外包风险监控方案起到一定的指导作用。

(8)判断财务外包风险是否已经消除。企业管理人员经过风险等级评定发现风险已经消除，那么该风险的控制已经完成，继续进入下一风险因素的监控；如果经过评价，风险并未消除，那么就需要重新进行风险识别，制订新的风险应对方案，继续该风险监控方案的循环。

财务外包风险监控是一个持续改进的过程，它是存在于整个财务外包活动生命周期之内的。企业要不断地根据环境的变化对风险监控进行调整,才能实现风险的有效管理,消除或控制风险的发生或避免造成不利后果。

本章小结

本章从风险识别、风险计量、风险应对和风险监控四个方面介绍财务外包风险管理相关知识,主要涉及以下基本结论。

(1)财务外包风险的识别应遵循完整性、系统性及重要性原则,其识别方法包括专家调查法、流程图分析法、工作风险分解法、情景分析法等。以财务外包流程为依据,财务外包风险主要包括决策风险、理解风险、外包范围确定风险、外包供应商选择风险、合约风险、信息安全风险、实施风险等。

(2)风险计量是对识别出的风险做进一步的分析,通过运用科学的方法,对各项风险因素发生的概率和强度进行衡量、评价,从而为风险应对策略的选择提供准确的依据。企业可以从财务外包整体风险等级确定和财务外包细分风险重要性排序两方面对财务外包风险进行计量。

(3)可选的风险应对策略有风险降低、风险转移和风险保留三种。

①风险降低策略通常适用于企业财务外包整体风险评判结果为一般风险或较低风险的情形。此时,只要采取合理、有效的措施就可以将风险降至可接受的范围。主要的措施有:合理确定财务外包项目;谨慎选择外包服务提供商;制定详细的外包合同;加强与外包服务提供商的沟通。

②风险转移策略通常适用于企业整体风险评判结果为较高风险或高风险的情形。广泛使用的风险转移方式有合同及财务协议、担保、购买保险。

③风险保留策略通常适用于企业整体风险评判结果为低风险或较低风险的情形。这一策略包括风险吸收(计提财务外包风险准备金)与风险接受两种方式。

(4)随着财务外包进程的推进,新的未曾识别的风险可能出现,已经识别出的风险可能衰退或者增大,风险应对策略的效果可能明显或者微弱。财务外包风险监控为风险管理计划的动态调整提供依据。风险监控措施主要包括权变措施、纠正措施、变更申请、更新财务外包风险应对计划。

参 考 文 献

[1] Aron R, Clemons E K, Reddi S. Just right outsourcing: understanding and managing risk[J]. Journal of Management Information Systems, 2005, 22(2): 37-55.

[2] Arya A, Mittendorf B, Sappington DEM. Outsourcing, vertical integration, and price vs quantity competition[J]. International Journal of Industrial Organization, 2008, 26(1): 1-16.

[3] Bergkvist L, Johansson B. Evaluating motivational factors involved at different stages in an IS outsourcing decision process[J]. The Electronic Journal of Information Systems Evaluation, 2007, 10(1): 23-30.

[4] Ellram L M, Tate W L, Billington C. Offshore outsourcing of professional services: A transaction cost economics perspective[J]. Journal of Operations Management, 2008, 26(2): 148-163.

[5] Gray J V, Roth A V, Tomlin B. The influence of cost and quality priorities on the propensity to outsource production[J]. Decision Sciences, 2009, 40(4): 697-726.

[6] Jiang B, Qureshi A. Research on outsourcing results: current literature and future opportunities[J]. Management Decision, 2006, 44(1): 44-55.

[7] 阿瑟·威廉姆斯,理查德·汉斯. 风险管理与保险[M]. 陈伟,译. 北京:中国商业出版社,1990.

[8] 安德鲁·D. 贝利. 内部审计思想[M]. 王光远,译. 北京:中国时代经济出版社,2006.

[9] 查尔斯·盖伊,詹姆斯·艾辛格. 企业外包模式[M]. 华经,译. 北京:机械工业出版社,2003.

[10] 车红娟,王林峰. 试析财务管理咨询综合能力[J]. 产业与科技论坛,2010(04):227-228.

[11] 陈锦烽,苏淑美. 内部审计新纪元[M]. 大连:大连出版社,2006.

[12] 陈信元. 会计学[M]. 上海:上海财经大学出版社,2013.

[13] 陈耀明. 中小企业财务外包利弊分析[J]. 科技创业,2011(2):51-52.

[14] 程淑珍. 发包方视角下的财务外包问题探讨[J]. 企业经济,2011(3):168-170.

[15] 迟云平. 服务外包概论[M]. 广州:华南理工大学出版社,2015.

[16] 戴维. 探讨企业财务外包决策过程的构成要素[J]. 经济师,2008(7):184-185.

[17] 戴福祥,吕利平,石银萍. 财务外包风险防范研究[J]. 财会通讯,2009(10):143-144.

[18] 丁巍. 外企财务外包风险管理研究[D]. 上海:华东理工大学,2012.

[19] 杜勇. 合理利用外包服务提升企业核心竞争力[J]. 中国科技论坛,2002(5):45-49.

[20] 范道津,陈伟珂. 风险管理理论与工具[M]. 天津:天津大学出版社,2010.

[21] 冯巧根. 论业务外包中的风险防范[J]. 中国流通经济,2002(6):37-39.

[22] 宫冠英. 金融业务流程外包基础教程[M]. 北京:清华大学出版社,2012.

[23] 关莉. 企业财务管理新理念——财务外包[J]. 经济论坛,2009(8):115-116.

[24] 郭晓枚. 财务会计外包前景看好[J]. 首席财务官,2006(4):9.

[25] 哈罗德·斯凯伯. 国际风险与保险[M]. 荆涛,译. 北京:机械工业出版社,1999.

[26] 黄达. 金融学[M]. 北京:中国人民大学出版社,2012.

[27] 黄鹭,陈泊斯. 试论企业财务管理模式的创新——财务外包[J]. 中国外贸,2010(12):176.

[28] 黄倩. 基于核心竞争力的企业财务外包风险及其对策[J]. 财会通讯,2013(10):121-123.

[29] 黄玉英. 中小企业财务外包外部障碍探析[J]. 财会通讯,2012(17):60-61.

[30] 克莱珀,琼斯. 信息技术、系统与服务的外包[M]. 杨波,译. 电子工业出版社,2003.

[31] 孔庆娟. 财务外包的中国模式发展研究[D]. 上海:同济大学,2008.

[32] 劳伦斯,索耶. 现代内部审计实务[M]. 汤云为,译. 北京:财政经济出版社,2005.

[33] 李布. 外包: 企业经营新模式[J]. 经济纵横, 2000(12): 51-53.

[34] 李晓慧. 审计学: 实务与案例[M]. 北京: 中国人民大学出版社, 2011.

[35] 李晓慧, 刘钧. 注册会计师发展非审计业务探讨[J]. 审计研究, 2011(04): 107-112.

[36] 李志明, 何旭清. 产业组织理论[M]. 北京: 清华大学出版社, 2004.

[37] 李志伟, 宋守信, 赵志龙. 基于模糊综合评判法的信息安全风险评估方法与模型研究[J]. 生产力研究, 2009(19): 71-72.

[38] 刘江虹, 柏玲. 浅议财务管理咨询综合能力的提升与健全体制[J]. 黑龙江科技信息, 2010(9): 93.

[39] 刘萍萍. 浅议我国财务外包业务的发展[J]. 商业文化, 2011(10): 189.

[40] 刘淑莲. 财务管理[M]. 大连: 东北财经大学出版社, 2013.

[41] 吕丽卫. 谈业务外包中的风险管理[J]. 现代管理科学, 2003(2): 69-70.

[42] 罗伯特·穆勒. 现代内部审计学[M]. 章之旺, 译. 北京: 中国时代经济出版社, 2006.

[43] 马雪松, 程晓光, 马壮. 由财务外包看财务管理的产业化发展[J]. 农场经济管理, 2005(2): 42-43.

[44] 梅尔, 赫奇斯. 风险管理: 概念与应用[M]. 北京: 中国商业出版社, 1974.

[45] 孟翠湖, 宋小川. 美国、印度会计外包的实现方式与我国会计外包的发展态势[J]. 现代商业, 2009(14): 212-213.

[46] 彭一浩. 基于委托代理理论的财务外包道德风险模型构建[J]. 财会月刊, 2009(3): 20-22.

[47] 彼得·德鲁克. 大变革时代的管理[M]. 赵干城, 译. 上海: 上海译文出版社, 1999.

[48] 钱枫. 中小企业财务外包的可行性分析[J]. 会计之友, 2005(12): 76.

[49] 任秀梅, 柳金叶. 财务外包风险管理研究[J]. 中国管理信息化, 2010(8): 34-35.

[50] 邵秀静. 我国财务外包模式发展研究[J]. 现代商业, 2013(11): 259-260.

[51] 申光龙. 业务外包战略的决策框架与电子制造服务[J]. 深圳大学学报(人文社会科学版), 2001(7): 49-55.

[52] 生艳梅, 徐禄帆, 张延军. 我国企业财务外包风险分析及防范措施[J]. 价值工程, 2012(22): 126-127.

[53] 斯图尔特·克莱门茨. CFO的观点——通过财务业务流程外包取得良好业绩[M]. 钱逢胜, 译. 上海: 上海财经大学出版社, 2009.

[54] 孙明贵. 试析日本企业的业务外包战略[J]. 外国经济与管理, 2002(3): 36-39.

[55] 孙强. 信息系统审计: 安全、风险管理与控制[M]. 北京: 机械工业出版社, 2003.

[56] 孙秀弘, 赵扬, 孙秀芝. 财务外包的风险研究及规避措施[J]. 天津经济, 2007(8): 75-76.

[57] 汤谷良, 顾黎. 管理外包挑战财会职业[J]. 会计师, 2004(2): 36-38.

[58] 唐来全. 内部控制与风险管理综述[J]. 财会通讯, 2006(10): 20-21.

[59] 田悦. 财务转型——企业财务外包与共享服务解决方案探讨[D]. 上海: 上海交通大学, 2013.

[60] 田中禾, 杨洋. 基于PDCA循环的财务外包管理过程控制[J]. 商业会计, 2012(13): 6-8.

[61] 万宇佳. 会计师事务所承接财务外包业务风险研究[D]. 大庆: 东北石油大学, 2013.

[62] 王传玉. 加强财务对外合作, 实现财务管理咨询综合能力新提升[J]. 现代商业, 2011(21): 244.

[63] 王光远. 受托管理责任与管理会计[M]. 北京: 中国时代经济出版社, 2004.

[64] 王国顺. 企业理论: 契约理论[M]. 北京: 中国经济出版社, 2006.

[65] 王舰, 逄咏梅. ASP与中小企业财务职能外包[J]. 科技进步与对策, 2004(2): 79-81.

[66] 王力, 唐雪凡. 发展财务外包有关问题探讨[J]. 财会月刊, 2011(9): 23-25.

[67] 王立明, 刘丽文. 外包的起源、发展及研究现状综述[J]. 科学与科学技术管理, 2007(3): 151-156.

[68] 吴明赞, 陈森发, 陈淑燕. 企业进入国际市场的多目标模糊决策分析[J]. 科研管理, 2001(6): 50-56.

[69] 王潘静. 企业财务外包存在的风险及问题研究[D]. 杭州: 浙江工业大学, 2013.

[70] 王永久. 外包——企业财务面临的改革[J]. 北方经贸, 2004(7): 45-46.

[71] 谢美萍, 陆志平. 企业财务会计外包模式应用研究[J]. 昆明大学学报, 2007(3): 22-25.

[72] 解媚霞. AHP 在财务外包决策中的运用[J]. 中国会计电算化, 2004(3): 7-8.

[73] 徐枫. 服务经济背景下北京金融服务外包发展研究[M]. 北京: 知识产权出版社, 2012.

[74] 徐继业. 咨询公司离岸外包业务扎根中国[N]. 21世纪经济报道, 2003-02-13.

[75] 杨成刚. 外包: 让财富连动[M]. 北京: 经济日报出版社, 2002.

[76] 杨浩. 现代企业理论与运行[M]. 上海: 上海财经大学出版社, 2004.

[77] 杨琳. 企业财务外包决策方法及其选择探讨[J]. 价值工程, 2012(20): 156-158.

[78] 杨静. 财务外包风险控制研究[J]. 改革与开放, 2010(14): 42-43.

[79] 杨娟, 刘强, 杨晶. 业务外包——现代管理新概念[J]. 乡镇企业研究, 2004(5): 16-17.

[80] 杨有红, 欧阳爱平. 中级财务会计[M]. 北京: 北京大学出版社, 2013.

[81] 伊恩·本, 吉尔·珀斯. 外包制胜——利用外部资源提高竞争优势[M]. 陈瑟, 译. 北京: 人民邮电出版社, 2004.

[82] 尹建华, 王兆华, 苏敬勤. 资源外包理论的国内外研究述评[J]. 科研管理, 2003(9): 133-137.

[83] 尹夏楠. 论国内企业财务外包的可行性[J]. 经济师, 2005(10): 176-178.

[84] 于强. 服务外包企业财务风险问题研究[J]. 会计之友, 2009(7): 19-20.

[85] 曾人魁, 童汝根. 企业财务外包业务运作探讨[J]. 金融经济, 2007(2): 185-186.

[86] 张祺初. 中小企业财务外包的思考[J]. 对外经贸财会, 2004(6): 15-16.

[87] 张庆龙. 内部审计价值——求新·求实·求易[M]. 北京: 中国时代经济出版社, 2006.

[88] 张泽露. 财务管理也可以外包[J]. 中国城市金融, 2004(4): 35-37.

[89] 赵恒伯. 我国内部审计发展的新趋势——内部审计的外包[J]. 企业经济, 2005(10): 180-181.

[90] 郑玲燕. 财务外包现状和发展对策研究[J]. 决策与信息, 2007(7): 60-62.

[91] 中国内部审计协会. 中国内部审计规范[S]. 2005.

[92] 中国注册会计师协会. 公司战略与风险管理[M]. 北京: 经济科学出版社, 2009.

[93] 周洁, 蒋卫东. 财务外包——提高企业核心竞争力的新理念[J]. 商业会计, 2012(03): 13-14.

[94] 周勇. 财务外包利弊说[J]. 商场现代化, 2005(5): 116.

[95] 朱冬琴. 财务外包的信息安全风险的甄别与控制[J]. 中国乡镇企业会计, 2009(4): 147-148.

[96] 朱冬琴. 财务外包: 动因及其对中国企业的实践启迪[J]. 审计与经济研究, 2008(11): 63-66.

[97] 卓悦. 财务会计外包服务市场探析[J]. 中国注册会计师, 2005(1): 30-32.